Dieter Veit

Gut in Schuss!

Textile Redewendungen und Sprichwörter

Impressum

Dieter Veit

Gut in Schuss!
Textile Redewendungen
und Sprichwörter

3. Auflage 2026

Regionalia Verlag,
ein Imprint der Kraterleuchten GmbH,
Gartenstraße 3, 54550 Daun

Bei Fragen zur Produktsicherheit
wenden Sie sich an:
gpsr@kraterleuchten.com

Korrektorat: Tim Becker
Gestaltung, Satz: Kerstin Fiebig
Umschlag: Kerstin Fiebig

Hergestellt in der Europäischen Union, Finidr, CZ

FSC www.fsc.org MIX Papier aus verantwortungsvollen Quellen FSC® C014138

ISBN 978-3-95540-404-8
www.regionalia-verlag.de

Dieter Veit

Gut in Schuss!

Textile Redewendungen und Sprichwörter

REGIONALIA
VERLAG

Inhalt

Vorwort

Textilien begleiten uns ein Leben lang. Von der ersten Windel bis zum Leichentuch nutzen wir Textilien, um uns zu schützen, zu schmücken und als technische Hilfsmittel.

Bis zur Industrialisierung im 18. und 19. Jahrhundert wurde vor allem zuhause gesponnen, gewebt und genäht, oft gemeinschaftlich und in größeren Gruppen. So fanden zahlreiche Ausdrücke, Begriffe und Redewendungen ihren Weg in unsere Alltagssprache und prägen sie bis heute. In diesem Buch wird *geklotzt und nicht gekleckert* und *der rote Faden* ist hoffentlich gut in der Gliederung zu erkennen. Wenn Sie nicht *den Faden verlieren* und sich auch nicht *verzetteln*, dann haben Sie am Ende *den Bogen raus*, wenn es um die korrekte Anwendung textiler Begriffe geht. Und falls Sie sich mit einem *Schönfärber in die Wolle kriegen*, weil er einen Streit *anzettelt* und Ihnen nicht *den roten Teppich ausrollt*, dann reißt Ihnen zukünftig hoffentlich nicht gleich der *Geduldsfaden*.

Weil Textilien seit Tausenden von Jahren allgegenwärtig sind und zunächst vor allem zuhause und von jeder Familie selbst hergestellt wurden, spielen sie in der darstellenden Kunst schon immer eine herausragende Rolle. Einige der ältesten bildlichen Darstellungen, die wir kennen, zeigen die Produktion von Garnen und Geweben und auch in vielen Märchen spielt das Spinnen und Weben eine wichtige Rolle. Auch damit werden wir uns hier beschäftigen.

Abb. 1.1 _ Spinnen und Weben in Altertum, Mittelalter und früher Neuzeit (Rama, 2016; Pharos, 1017b)

Abb. 2.1 _ Gewinnung von Wolle im 15. Jahrhundert

Fasern

Bis in die frühe Neuzeit wurden in Europa große Mengen Flachs verarbeitet. Flachspflanzen sind anspruchslos und konnten daher überall angebaut werden, wo wenig Anderes wuchs. Es war allerdings mühselig, die Flachsfasern aus den Stängeln zu gewinnen und auch das Spinnen dauerte lange. Daher verbrachten vor allem Frauen und Kinder vom Herbst bis zum Frühjahr viel Zeit mit der Garnerzeugung und so beziehen sich viele Redewendungen auf die einzelnen Stufen der Flachsverarbeitung.

INS BLAUE FAHREN

Wer einen Ausflug *ins Blaue* macht, der besucht Flachsfelder, die blau blühen (Abb. 2.2). Flachsfelder gab es bis ins 20. Jahrhundert überall in Nord- und Westeuropa und entsprechend viele »Ausflugsziele«. *Blau machen* ist etwas anderes (siehe Kap. 7).

Abb. 2.2 _ Blühendes Flachsfeld

FLACHSBLOND

Dies bezieht sich auf die Farbe von Flachsfasern nach dem so genannten »Hechelprozess«, bei dem die Fasern aus den Stängeln gelöst werden. Sie ist eine Bezeichnung für eine Haarfarbe zwischen gelblich und bräunlich (Abb. 2.3). »Blond« bedeutet auf Französisch einfach »hell«. Echte blonde Haare sind außerhalb von Skandinavien selten

Abb. 2.3 _ Helle Flachsfasern und flachsblonde junge Frau

und fallen daher auf. Deswegen werden wohl auch »Blondinenwitze« erzählt und keine »Brünettenwitze«.

HERUMFLACHSEN

Spinnen in Heimarbeit war im Mittelalter und bis in die frühe Neuzeit meistens Frauenarbeit. Es war eine Tätigkeit, die »nebenbei« durchgeführt werden konnte. Man traf sich deshalb, um gemeinsam zu spinnen und Neuigkeiten auszutauschen. Wenn beim Spinnen von Flachs, das der dominierende Faserrohstoff war, eine fröhliche Stimmung herrschte, so wurde ***herumgeflachst*** (Abb. 2.4).

Abb. 2.4 _ Spinnende und herumflachsende Frauen (Velázquez, 1644)

Anscheinend ging es beim gemeinschaftlichen Spinnen oft recht lustig zu, sodass die Behörden in manchen Regionen Spinnstubenordnungen erließen, die das Zusammenleben regelten, um auch die kirchliche Obrigkeit zu beruhigen. In Kurhessen wurden 1726 Spinnstuben sogar ganz verboten. Dies sollte »unzüchtige Umtriebe« unterbinden, wenn die jungen Burschen die ebenso jungen Mädchen nach dem Flachsen abholten und nach Hause brachten oder – noch verwerflicher – sich mit ihnen in den Spinnstuben zum Tanz u.a. trafen (Abb. 2.5).

Abb. 2.5 _ Spinnstube (Reinsberg-Düringsfeld, 1863)

Kinder, die im Herbst geboren wurden, also 9 Monate nach dem Flachsbrechen in den Spinnstuben, wurden »Brechelkinder« genannt. J.W. von Goethe formulierte ihre Entstehung 1795 in seinem Gedicht »Die Spinnerin« gewohnt poetisch wie folgt:

Als ich still und ruhig spann,
Ohne nur zu stocken,
Trat ein schöner junger Mann
Nahe mir zum Rocken.

Lobte, was zu loben war,
Sollte das was schaden?
Mein dem Flachse gleiches Haar
Und den gleichen Faden.

Ruhig war er nicht dabei,
Ließ es nicht beim alten;
Und der Faden riß entzwei,
Den ich lang' erhalten.

Und des Flachses Steingewicht
Gab noch viele Zahlen;
Aber ach, ich konnte nicht
Mehr mit ihnen prahlen.

Als ich sie zum Weber trug,
Fühlt' ich was sich regen,
Und mein armes Herze schlug
Mit geschwindern Schlägen.

Nun, beim heißen Sonnenstich,
Bring' ich's auf die Bleiche,
Und mit Mühe bück' ich mich
Nach dem nächsten Teiche.

Was ich in dem Kämmerlein
Still und fein gesponnen,
Kommt — wie kann es anders sein? —
Endlich an die Sonnen.

DURCHHECHELN

Beim Hecheln werden die Flachsfasern von den letzten Resten der Pflanze befreit. Das ist mühsam und so wurde gerne über andere gelästert. Wenn jemand ***durchgehechelt*** wurde, dann redete man schlecht über ihn.

Abb. 2.6 _ Gewinnung der Flachsfasern durch Brechen (re.) und Hecheln (li.) im 18. Jahrhundert (Basedow, 1774)

VERHEDDERN

Bei der Flachs- und Hanffasergewinnung wird der Abfall, der beim letzten Auskämmprozess übrigbleibt, als »Hede« bezeichnet. Wenn sich also etwas *verheddert*, dann hat es sich in diesem Kamm verfangen und wird anschließend entfernt.

DIE JUNK-E-MAIL

Der schlechteste Flachs der Antike wuchs nach dem griechischen Geschichtsschreiber Strabon in der Nähe von Amporias in Spanien und war fast unbrauchbar. Es galt als Abart des Schilfs (lat. »iuncus«). Das Endprodukt wurde als junkarisches Leinen bezeichnet und entwickelte sich über ein Slangwort der Seeleute für schadhafte Taue und Seile zu engl. »junk« (»Müll«). E-Mails, die keiner haben will, werden daher so bezeichnet.

EIN SCHWARZES SCHAF

Die erste Erwähnung dieses Ausdrucks findet sich in der Bibel (Genesis 30, 32), wo es sinngemäß heißt: »Ich will heute durch alle deine Herden gehen und aussondern alle gefleckten und bunten Schafe und alle schwarzen Schafe«. Als ***schwarzes Schaf*** (Abb. 2.7) werden Menschen bezeichnet, die in irgendeiner Weise negativ aufgefallen sind. Es bezieht sich darauf, dass schwarze Wolle nicht gefärbt werden kann und daher in Mischungen mit weißer Wolle eine Färbung mit hellen Farbtönen unmöglich macht. Selbst eine einzelne schwarze Faser ist im gefärbten Textil noch zu erkennen.

Abb. 2.7 _ Schwarz-braunes Schaf inmitten weißer Schafe (Solana, 2008)

Nach einer NDR-Dokumentation von 2005 kann es allerdings vorteilhaft sein, in einer Herde einige schwarze Schafe zu haben, weil sich die weißen Tiere dann an die Anwesenheit schwarzer Tiere gewöhnen und nicht in Panik geraten, wenn sich nachts Wildschweine in der Nähe befinden.

Abb. 2.8 _ Schäferkarren (Martinvl, 2016)

SCHÄFERSTÜNDCHEN

Wenn ein Wanderschäfer auf Transhumanz durch die Lande zog und Rast machte, dann konnte es vorkommen, dass er in seinem Schäferkarren (Abb. 2.8) von Mitgliedern der ortsansässigen weiblichen Bevölkerung besucht wurde. Ging die Begegnung zeitlich über die übliche Begrüßung hinaus und lernte man sich näher kennen, so sprach man von einem *Schäferstündchen*.

UNGESCHOREN BLEIBEN

Dauert das Schäferstündchen länger, kann es passieren, dass der Schäfer nicht zum Scheren kommt und entsprechend bleiben seine Schafe *ungeschoren*, was umgangssprachlich dasselbe ist wie »unbehelligt bleiben«, also in Ruhe gelassen werden.

IN DIE WOLLE KRIEGEN

Die Herkunft dieses Ausdrucks ist nicht sicher. Möglicherweise stammt er aus dem Mittelalter, wenn die geschorene Wolle von Schafen mehrerer Herden auf einen Haufen geworfen und später wieder an die Schäfer verteilt wurde. Weil Schafwolle von sehr unterschiedlicher Qualität sein kann, könnte es dadurch zu Streit gekommen sein.

Abb. 2.9 _ Damokles unter dem Schwert (Westall, 1812)

AM SEIDENEN FADEN HÄNGEN

Wenn etwas *am seidenen Faden hängt*, dann ist der Ausgang der Angelegenheit sehr unsicher und potenziell gefährlich. Diese Redensart geht zurück auf eine antike Erzählung, die von Cicero und Horaz überliefert wurde. Danach gab es am Hof des Tyrannen Dionysios I. von Syrakus (430–367 v.Chr.) einen Höfling mit Namen Damokles. Dieser beneidete seinen Herrn um seinen Status und sein schönes Leben. Daraufhin überließ ihm Dionysios bei einem Bankett seinen Platz an der Tafel und ließ an einem Faden ein Schwert über seinem Kopf befestigen (Abb. 2.9). Dies kurierte den Höfling von seinem

Neid, weil er sich der Schattenseiten des Daseins als Herrscher bewusst wurde. Das Schwert hing der Legende nach nicht an einem Faden aus Seide, sondern aus Rosshaar. Dennoch heißt es *»An einem seidenen Faden hängen«*, weil Fäden aus Seide besonders fein ausgesponnen werden können. Die Seide ist ein technisch endloser Faden (1–2 km lang) und daher werden weniger Fasern für ein Garn benötigt als z. B. bei Baumwolle oder Wolle. Die einzelne Seidenfaser ist dabei nicht feiner als eine Baumwoll- oder Flachsfaser.

Die früheste Erwähnung dieser Redensart befindet sich in den Annalen des Ennius (239–169 v. Chr.), in denen es heißt: »Hac noctu filo pendebit Etruria tota«, bzw. dt.: »In dieser Nacht hing ganz Etrurien an einem Faden«.

HALBSEIDEN

Besonders edle Textilien bestehen aus 100 % Seide. Um Geld zu sparen, werden auch Mischungen eingesetzt, z. B. aus Seide mit Wolle oder auch Seide mit Viskose (»Kunstseide«). Dadurch wird das Kleidungsstück natürlich weniger wertvoll. Dies wird übertragen auf vermeintlich zwielichtige Personen, die als *halbseiden* bezeichnet werden. Der Buchtitel »Das kunstseidene Mädchen« von Irmgard Keun aus dem Jahr 1932 spielt mit diesem Begriff, inhaltlich geht es aber um eine junge Frau, die in Berlin reich und berühmt werden möchte und nicht um Textilien.

Abb. 3.1 _ Frau mit spinnender Katze im 14. Jahrhundert

Spinnen

Das Spinnen erfolgte bis ins 19. Jahrhundert vor allem manuell und in Heimarbeit und war daher allgegenwärtig. Gesponnen wurde mit der Handspindel meist »nebenbei«, also z. B. auf dem Feld, bei der Hausarbeit (Abb. 3.2), bei der Kinderbetreuung und später – mit dem Handspinnrad – auch in Gemeinschaft mit anderen (Abb. 3.3). Weil das Spinnen sehr lange dauerte, verbrachten Frauen jede freie Minute damit. Deshalb entstanden viele Redewendungen, die sich auf die Garnherstellung oder die Garne selbst beziehen.

Abb. 3.2 _ Spinnen mit der Handspindel draußen und drinnen

DIE SPINNT DOCH

Wenn jemand beim Geschichtenerzählen nach Ansicht der anderen Teilnehmer:innen zu weit ging, dann konnte man sagen: ***Die spinnt doch.*** Mittlerweile wird diese Redewendung in Unkenntnis ihres Ursprungs auch auf Männer angewendet, obwohl sie kaum von Hand gesponnen haben. Auch der gallische Hinkelsteinproduzent Obelix drückt sein Unverständnis über das aus seiner Sicht sonderbare Verhalten der Römer aus, wenn er in der deutschen Übersetzung sagt: »Die spinnen, die Römer« (Goscinny und Uderzo, 1969).

EINE INTRIGE SPINNEN

Wenn die Spinnerinnen Böses im Sinne hatten, dann konnten sie ***eine Intrige spinnen***, ohne dass die Außenwelt dies mitbekam (Abb. 3.3).

Abb. 3.3 _ Möglicherweise Intrigen spinnende Frauen um 1478

Auch im Englischen ist der Ausdruck »Spinster« nicht unbedingt wohlwollend, sondern bezieht sich auf eine schrullige, in der Regel ältere Frau. Vielleicht »spinnt sie« ebenfalls Intrigen.

Abb. 3.4 _ Seil mit rotem Faden (Angelsharum, 2014)

DER ROTE FADEN

Der *rote Faden*, der sich durch eine Erzählung zieht und den Leserinnen und Lesern Orientierung gibt, geht zurück auf eine Erfindung der englischen Marine. W. Falconer erwähnt in seinem Wörterbuch der Marine (Falconer, 1784) Taue und Seile, in die seit 1776 ein roter Faden integriert war: »Rogues-Yarn: a name given to a rope-yarn, of a particular construction, which is placed in the middle of every strand, in all cables and cordage in the king's service. It differs from all the rest, as being untarred, and twisted in a contrary manner, by which it is easily discovered. The use of this contrivance is to examine whether any cordage, supposed to be stolen or embezzled, has been formed for the king's service." Es handelte sich also um einen Schutz vor Diebstahl (engl. rogue: Dieb), weil der rote Faden nicht entfernt werden konnte, ohne das Tau bzw. Seil zu zerstören. Auch J. W. von Goethe erwähnt in seinen »Wahlverwandtschaften«: »Wir hören von einer besonderen Einrichtung bei der englischen Marine: sämtliche Tauwerke der königlichen Flotte, vom stärksten bis zum schwächsten, sind dergestalt gesponnen, daß ***ein roter Faden*** durch das Ganze durchgeht, den man nicht herauswinden kann, ohne alles aufzulösen, und woran auch die kleinsten Stücke kenntlich sind, daß sie der Krone gehören.« (Goethe, 1809). Die Farbe des Fadens war unterschiedlich, je nachdem, wo das Tau hergestellt worden war. Rot waren die Fäden der Seile aus Portsmouth (Abb. 3.4), gelb die aus Chatham, blau die aus Plymouth und grün die aus Pembroke.

Wie wichtig Seile in England waren, vermutlich wegen der zahlreichen Seile auf einem Segelschiff, zeigt die englische Redewendung ***to know the ropes***, in der Bedeutung »sich sehr gut auskennen mit etwas«.

Abb. 3.5 _ Haspel mit Zählwerk (Flominator, 2005)

ALTER KNACKER

In Heimarbeit gesponnene Flachs- und andere Garne wurden auf spezielle Vorrichtungen aufgewickelt, um sie leichter weiterverarbeiten zu können. Dazu wurde eine Haspel verwendet, die mit einem Zählwerk ausgestattet war (Abb. 3.5). Nach einer bestimmten Anzahl von Umdrehungen ertönte ein »Knacklaut«. So konnte durch Zählen der Knacklaute einfach festgehalten werden, wie viel Garn sich auf der Spule befand. Weil diese Tätigkeit keine besonderen

Fähigkeiten erforderte, wurde sie oft vom Großvater durchgeführt. *Der alte Knacker* saß dann in der Spinnstube und wickelte das Garn auf, während die Haspel knackte.

SICH VERHASPELN

Wenn der im vorigen Abschnitt beschriebene Großvater einen Fehler beim Haspeln machte, so hatte er *sich verhaspelt*. Dies war besonders problematisch, wenn er mehrere Stränge gleichzeitig auf eine Haspel aufwickelte und durch Abspringen eines Fadens so ungleich lange Stränge entstanden. Derselbe Ausdruck wird auch in der Seidenspinnerei verwendet, wenn beim Abwickeln (Abhaspeln) der Kokons die Anzahl der Fäden beim Zusammenführen zum Garn nicht stimmt.

Abb. 3.6 _ Seidengewinnung mit Haspeln

EINE GESCHICHTE ZU ENDE SPINNEN

Ähnlich wie beim *Herumflachsen* bezieht sich diese Redewendung darauf, dass eine Geschichte noch nicht fertig erzählt ist und daher noch eine Weile gesponnen werden muss, bis sie zu Ende ist. Alternativ wird dazu auch der Ausdruck ***Einen Gedanken weiterspinnen*** verwendet.

DEN DREH RAUS

Wenn eine Spinnerin besonders geschickt mit der Handspindel umgehen konnte, dann wurde ihr bescheinigt, dass sie ***den Dreh raus*** hatte, sie also einen stabilen Spinnprozess erzeugen konnte (Abb. 3.7).

SEEMANNSGARN SPINNEN

Auch Seeleute stellten in ihrer Freizeit Garne her und erzählten sich Geschichten. Wenn diese gar zu blumig und unglaubwürdig waren, dann sagte man: »Er spinnt wieder Seemannsgarn«.

DER GEDULDSFADEN REISST

Das Spinnen eines feinen Fadens dauert sehr lange und weil es nur wenige Fasern sind, besteht immer die Gefahr, dass das Garn reißt. Hatte die Spinnerin nicht die dazu nötige Ruhe und Gelassenheit, dann ***riss ihr der Geduldsfaden***.

KAMEL DURCH EIN NADELÖHR

U.a. im Matthäus-Evangelium (19:24) wird davon gesprochen, dass »eher ein Kamel durch ein Nadelöhr geht, als dass ein Reicher in das Reich Gottes kommt«. Hier handelt es sich nach Ansicht vieler Experten um einen Übersetzungsfehler. Das griechische

Abb. 3.7 _ Spinnerin mit Handspindel, die den Dreh raus hat (van der Sluijs, 2013)

Wort κάμιλος (kamilos, dt.: »Schiffstau«, »Seil«) wurde fälschlich als κάμηλος (kámêlos, dt.: »Kamel«) übersetzt. Somit würde es richtig heißen: »Eher geht ein Seil durch ein Nadelöhr, als…«, was erheblich mehr Sinn ergibt als ein Kamel, das durch ein Nadelöhr kriecht. Die Abb. 3.8 zeigt eine entsprechende Szene an der Bonifatius-Kirche in Dortmund. Offensichtlich ist das Kamel für das Öhr zu dick.

Abb. 3.8 _ Ein Kamel beim Versuch, durch ein Nadelöhr zu kommen (Bigge, 2007)

EIN GESCHÄFT EINFÄDELN

Wer *ein Geschäft einfädelt*, der steht unmittelbar vor dem erfolgreichen Abschluss einer geschäftlichen Tätigkeit. Ebenso wie die Näherin, die nach dem Einfädeln des Fadens ins Nadelöhr mit dem Nähen beginnen kann. Auch Verkehrsteilnehmer fädeln sich in den Verkehr ein, z. B. an einer Autobahnauffahrt.

THREAD

Der englische Ausdruck »thread« für »Faden« in Social-Media-Kanälen ist eine Abfolge von Nachrichten bzw. Posts. Man kann sich an ihm entlang orientieren und die Nachrichten nacheinander abrufen.

UMGARNEN

Wenn jemand ***umgarnt*** wird, so wird er umschmeichelt, um ihn oder sie für sich zu gewinnen. Der Ursprung dieser Redensart stammt aus der Fischerei in der Bedeutung, etwas »mit Garn, also einem Netz, zu umwickeln« und so zu fangen.

LEBENSFADEN

Von den germanischen Schicksalsgöttinnen (Parzen) wurde für jeden Menschen der so genannte ***Lebensfaden*** gesponnen und am Ende seines Lebens wieder durchgeschnitten. Auch die Griechen und Römer kannten entsprechende Lebensgöttinnen: Clotho spann den Faden des Lebens. Ihr römisches Pendant war Nona ("die Neunte"), die ursprünglich eine Göttin war, die im neunten Monat der Schwangerschaft angerufen wurde. Lachesis maß den Lebensfaden, der jedem Menschen von ihr mit ihrem Messstab zugeteilt wurde. Bei den Römern hieß sie Decima (»die Zehnte«). Atropos war für das Durchschneiden des Lebensfadens zuständig. Ihr römisches Äquivalent war Morta (»die Tote«).

Abb. 3.9 _ Drei Parzen beim Spinnen (Sodoma, 1525)

Die Abb. 3.9 zeigt die drei Parzen. Die Rechte spinnt, die Linke misst und die Mittlere schneidet den Faden durch.

Einen ähnlichen Hintergrund hat eventuell auch die Nennung bei Ovid in den Epistulae ex Ponto, »Omnia sunt hominum tenui pendentia filo«, bzw. dt. »Alles Menschliche hängt an einem dünnen Faden.« Auch Goethe (1749–1832) nimmt im

Faust auf den Zusammenhang zwischen Zeit und Textilherstellung Bezug, wenn er den Erdgeist sagen lässt: »So schaff' ich am sausenden Webstuhl der Zeit und wirke der Gottheit lebendiges Kleid.« Hier allerdings irrt der Dichterfürst, denn am Webstuhl kann man nur weben und nicht wirken. Für letzteres benötigt man eine maschenbildende Wirkmaschine.

LEITFADEN

Nach dem Motiv des Fadens der Ariadne, mit dessen Hilfe Theseus aus dem Labyrinth des Minotaurus auf Kreta entkam, wird seit dem 18. Jahrhundert ein kleines Buch, das Orientierung in einer komplexen Materie (analog zum Labyrinth des Minotaurus) gibt, als *Leitfaden* bezeichnet (Kluge und Seebold, 2011).

Abb. 3.10 _ Theseus mit Leitfaden (Burne-Jones, 1861)

Abb. 3.11 _ Die Heilige Gertrude mit Spinnrocken und Maus (Rollroboter, 2012)

BINDFÄDEN UND KATZEN

Wenn es besonders große und viele Tropfen regnet, dann ***regnet es Bindfäden***. Alternativ kann es im Süddeutschen auch ***Katzen hageln***, wobei der Engländer zusätzlich noch Hunde regnen lässt: ***it's raining cats and dogs.***

FÄDEN UND MÄUSE

Wenn ***die Maus keinen Faden abbeißt***, so ist etwas nicht zu ändern. Die Herkunft dieses Ausdrucks ist unklar. Nach einer Theorie bezieht er sich darauf, dass in Mausefallen der Köder an einem Faden aufgehängt war. Biss die Maus den Faden ab, so fiel die Klappe und sie war gefangen. Tat sie es nicht, so wurde sie auch nicht gefangen. Es gibt aber auch noch andere Erklärungsansätze: So ist der 17. März der Gedenktag der Heiligen Gertrude von Neville. Bis in die Neuzeit war dies für die Bauern ein wichtiger Termin, denn dann hörte die Winterarbeit auf und die Sommerarbeit begann. Die Heilige Gertrude war für die Sicherheit der Landstraßen zuständig und nebenbei die Schutzheilige vor Mäusen und Ratten. Die Winterarbeit bestand hauptsächlich aus Spinnen. Die Maus, mit der Gertrud häufig abgebildet wird (Abb. 3.11), biss am 17. März den Faden

Abb. 3.12 _ An einem Strang ziehende Pferde (Cameron, 1887)

ab: Das Spinnen war somit beendet und dieser Abschnitt des Jahres abgeschlossen, es begann die Feldarbeit. Das war nun nicht mehr zu ändern.

AN EINEM STRANG ZIEHEN

Dieser Ausdruck stammt aus dem Transportwesen und ist seit dem 17. Jahrhundert bezeugt. »Strang« bedeutet hier »Seil« und wenn z. B. alle Pferde ***an einem Strang ziehen***, dann bewegt sich der Wagen. Tanzt eines aus der Reihe, dann ***schlägt es über die Stränge*** und der Wagen bewegt sich nicht oder in die falsche Richtung. Daher sollte man nie ***lockerlassen*** (Abb. 3.12). Gut zu lenkende Pferde laufen ***wie am Schnürchen***.

VERWIRRUNG STIFTEN

Wenn jemand ***verwirrt*** ist oder ***Verwirrung stiftet***, dann sind die Fäden durcheinandergeraten und die Ordnung wurde zerstört. Das Wort »verwirren« geht vermutlich auf das mittelhochdeutsche Wort »wirren« zurück in der Bedeutung »verdrehen« bzw. »verwickeln«.

Abb. 4.1 _ Alte Römer fangen mit Netzen andere alte Römer im 4. Jahrhundert

Knoten und Netze

Die älteste textile Struktur ist das Netz, das aus Fäden oder Seilen zusammengeknotet wurde. Netze wurden als Transportmittel und zum Fisch- und Vogelfang eingesetzt. Und sobald der Mensch zur See fuhr, brauchte er eine Vielzahl von unterschiedlichen Knoten, lösbare und unlösbare, um etwas zu befestigen.

DER GELÖSTE KNOTEN

Das Lösen eines Knotens ist in vielen Geschichten in zahlreichen Kulturen verbreitet. In der Antike wurden manche kultische Rituale erst nach dem Öffnen eines Knotens

Abb. 4.2 _ Alexander der Große zerschlägt den Gordischen Knoten (Berthélemy, 1767)

durchgeführt. Dabei konnte es sich um das Lösen eines Haarknotens, einen geöffneten Gürtel oder das Entfernen von Schmuck jeder Art durch Öffnen der entsprechenden Knoten handeln. Auch das Totenhemd durfte keinen Knoten aufweisen.

Vermutlich geht auch die Geschichte vom Gordischen Knoten auf eine entsprechende Erzählung zurück. Durch sein Lösen wurde eine vorher gefangene Macht entfesselt und hatte demjenigen zu dienen, der den Knoten geöffnet hatte.

GORDISCHER KNOTEN

Im Jupitertempel von Gordion in Phrygien (Türkei) befand sich ein kunstvoll verschlungener und unentwirrbarer Knoten am Wagen des Königs Gordius (Abb. 4.2). Wer diesen Knoten lösen könne, so das Orakel, der übernähme die Herrschaft über Asien. Als Alexander der Große 333 v. Chr. nach Gordion kam, konnte er den Knoten zwar nicht lösen, durchschlug ihn aber mit seinem Schwert mit der Bemerkung: »Es kommt nicht darauf an, wie er gelöst wurde« (Büchmann, 2000). Später eroberte er einen großen Teil Asiens, was den Wahrheitsgehalt der Prophezeiung bewies. Auch heute noch

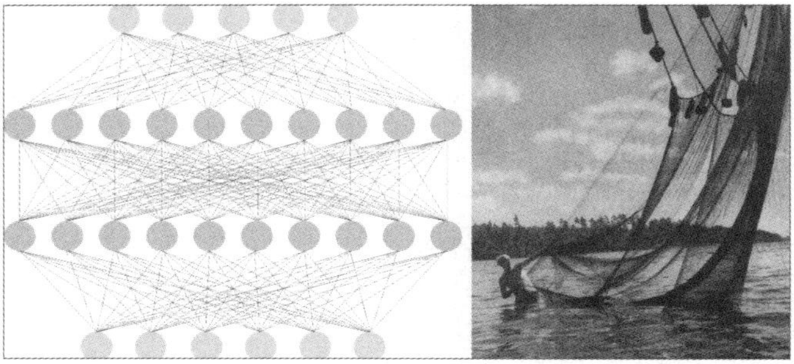

Abb. 4.3 _ Neuronales Netz (links) und textiles Netz (rechts); Guttzeit, 1920

wird die unkonventionelle Lösung eines scheinbar unlösbaren Problems als ***Den Gordischen Knoten durchschlagen*** bezeichnet.

Mit dieser Redensart verwandt ist der Spruch ***Der Knoten ist geplatzt***. Hier löst sich der Knoten allerdings von selbst auf, ein schwertschwingender Feldherr ist nicht zwingend erforderlich.

KONTAKTE KNÜPFEN

Wer *Kontakte knüpft*, der vergrößert seinen Einflussbereich und lernt dabei neue Menschen kennen. Wenn sie oder er dabei besonders fleißig zu Werke geht, dann entsteht ein (soziales) »Netzwerk«.

DAS NETZ

In einem Computer-Netzwerk werden Verbindungspunkte als Knoten oder auch mit dem englischen Wort Node bezeichnet. Ein Knoten ist entweder Endpunkt einer Datenübertragung oder verbindet verschiedene Informationsstränge (Leitungen) miteinander. Auch neuronale Netze als System der Künstlichen Intelligenz bestehen aus miteinander verbundenen Knoten. Hier ist der Zusammenhang zu textilen Netzen offensichtlich (Abb. 4.3).

Abb. 5.1 _ Weben in einem mittelalterlichen königlichen Haushalt

Weben

Schon seit Tausenden von Jahren stellen Menschen Gewebe her, indem sie Fäden senkrecht miteinander verkreuzen. Dies war bis ins Mittelalter hinein meistens Handarbeit und wurde zuhause durchgeführt, ab dem 13. Jahrhundert wurde es ein Handwerksberuf für Männer. Dennoch wurde auch weiterhin im eigenen Heim gewoben und so entstanden viele Redensarten rund um das Weben.

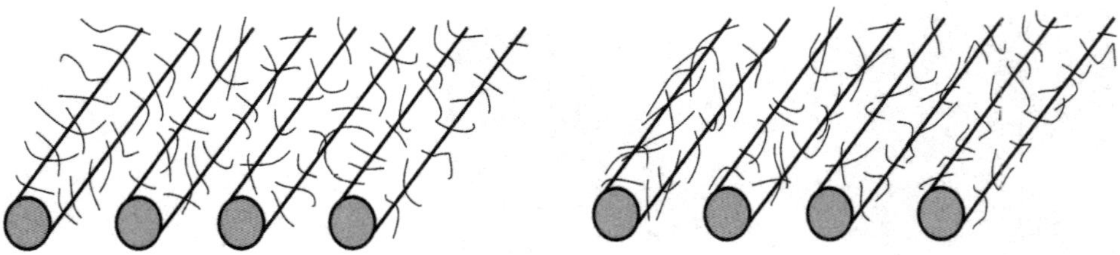

Abb. 5.2 _ Garne vor und nach dem Schlichten

SCHLICHTEN

Dieser Ausdruck kommt aus der Webereivorbereitung. Hier werden die Kettfäden mit einer dünnen Schicht versehen, oft aus Stärke. Dadurch werden sie fester und glatter, wodurch sich die Reibung reduziert, wenn sie in späteren Prozessschritten verarbeitet werden (Abb. 5.2). Im übertragenen Sinne werden beim Schlichten Unebenheiten ausgeglichen, wie es z. B. bei Tarifverhandlungen der Fall ist, wenn sich Arbeitnehmer und Arbeitgeber nicht einig sind und ein neutraler Schlichter helfen soll, eine Einigung zu erzielen.

VERZETTELN

Bei der Herstellung von Geweben werden die Kettfäden von Garnspulen aus einem Gatter abgezogen und gemeinsam auf einen Kettbaum gewickelt. Dieser Prozess wird als »Zetteln« bezeichnet (Abb. 5.3). Dies geht nicht darauf zurück, dass mit Hilfe von Zetteln die Kettfadenscharen gekennzeichnet werden, wie manchmal behauptet wird. Vielmehr geht »Zetteln« zurück auf althochdeutsch »zetten«, was so viel wie »ausbreiten« bedeutet. Die Kettfäden werden also auf dem Kettbaum »ausgebreitet«, d.h. gleichmäßig und in einer bestimmten Reihenfolge verteilt. Wenn dabei Fehler passieren, stimmt bei farbigen Kettfäden das Gewebemuster nicht. Dann hat man sich »verzettelt«.

Abb. 5.3 _ Zettelmaschine mit Kettbaum (Stahlkocher, 2012)

ETWAS ANZETTELN

Wenn der Kettbaum gezettelt wurde, so werden seine Fäden mit den Fäden des Gewebes auf der Webmaschine verbunden. Nach dem *Anzetteln* kann mit dem Weben fortgefahren werden. Wer also ***etwas anzettelt***, der beginnt etwas. In der Redensart startet dann meist etwas Unerfreuliches, z. B. ein Streit.

ÜBER EINEN KAMM SCHÄREN

Eine Alternative zum Zettelprozess ist das Schären. Dabei werden Fadenscharen zu Bändern zusammengefasst. Um die Fäden voneinander zu trennen und so zu verhindern, dass sich Fäden verkreuzen und dadurch ein falsches Muster entsteht, werden

Abb. 5.4 _ Schärprozess mit Kamm (Rutter, 2013)

Kämme eingesetzt. Wenn Fäden in einer Schar durch denselben Kamm gezogen werden, so werden sie ***über einen Kamm geschärt*** (Abb. 5.4). Man spricht hier nicht von »geschoren«, das ist das Scheren von Wolle vom Schaf.

DEN BOGEN RAUSHABEN

Wenn der Schussfaden in ein Gewebe eingetragen wird, so geschah dies früher beim Handwebstuhl nicht geradlinig, sondern in einem Bogen (Abb. 5.5). Der Schuss und die Kettfäden umschlingen einander, daher wird eine größere Länge benötigt als das Gewebe breit ist. Wird der Schuss also in einem Bogen eingetragen, so kann die »überschüssige« Länge dazu genutzt werden, dass der Schuss sich um die Kettfäden legen kann. Würde der Schuss dagegen gerade eingetragen, dann würde sich das Gewebe in der Breite zusammenziehen, um die durch die Umschlingung entstehende Spannung auszugleichen.

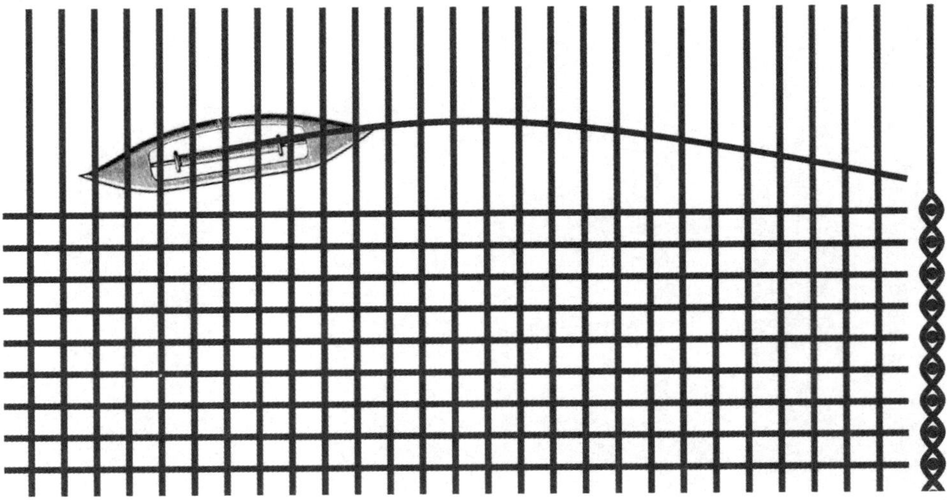

Abb. 5.5 _ Eintragen des Schussfadens in einem Bogen

Wenn ein Weber geschickt war und den Schussfaden entsprechend bogig eintrug und so Gewebe herstellte, die sich nicht zusammenzogen, dann hatte er *den Bogen raus*.

Es gibt auch alternative Erklärungen aus der Artillerie und dem Bogenschießen, die aber Textilkundige nicht überzeugen.

GUT IN SCHUSS

Beim Weben am Handwebstuhl wird der Schussfaden mit Hilfe eines Schützen, der die Schussfadenspule trägt, eingetragen. Der englische Weber John Kay erfand 1733 eine entsprechende Vorrichtung, bei der mit Hilfe eines Systems aus Schnüren und Holzkeilen der Schütze durch Ziehen an einem Seil sehr schnell eingetragen werden konnte. Die Abb. 5.6 zeigt einen Weber, der mit der rechten Hand am Seil zieht und so den Schuss einträgt und mit der linken Hand mit Hilfe des Riets den Schuss an das Gewebe schlägt. Wenn der Weber diesen Prozess sehr gut beherrschte, dann war er *gut in Schuss*.

Abb. 5.6 _ Webstuhl mit Weber und Schusseintragssystem nach John Kay (Burkhardt, 1850)

Eine alternative Erklärung stammt aus der Militärgeschichte. Wenn die Artilleristen gut ausgebildet waren und viele Schüsse in kurzer Zeit abfeuern konnten, dann waren sie *gut in Schuss*. Die textile Variante erscheint auch hier einleuchtender, denn gewebt wurde in fast jedem Haushalt im Mittelalter, mit Kanonen schossen dagegen nur wenige.

SHUTTLE-BUS

Der den Schussfaden in das Fach eintragende und sich dabei hin-und-her bewegende Webschützen heißt auf Englisch »shuttle« (gleicher Wortstamm). Wenn nun ein Bus von A nach B und wieder zurückfährt (z. B. zum Flughafen), dann wird er als *Shuttle-Bus* bezeichnet. Für Politiker, die von Bonn nach Berlin fliegen, gibt es einen *Shuttle-Flieger*. Auch die Raumfähren der NASA wurden *Space Shuttle* genannt, weil sie wieder zur Erde zurückkehrten. Gleiches gilt für die kleinen Transporter des Raumschiffs Enterprise aus der gleichnamigen Fernsehserie.

GUT BETUCHT

Wer gut betucht war, der trug besonders feine und damit teure Kleidung aus Wolltuch. Heute ist es ein Synonym für wohlhabend. Nach (Schnatmeyer, 2016) könnte der Begriff auch aus dem Hebräischen kommen, wo »batuach« vertrauenswürdig heißt, was in der Händlersprache einen guten – solventen – Kunden charakterisiert. Das erscheint ebenfalls als eine plausible Erklärung.

EDLER ZWIRN

Eine ähnliche Bedeutung wie *Gut betucht* hat der Ausdruck *Edler Zwirn*. Damit sind besonders feine Stoffe gemeint, deren Garne miteinander verzwirnt wurden. Dies wurde und wird vor allem für feine Anzugstoffe aus Wolle angewendet und führt zu besonders edlen und damit teuren Geweben.

KLEIDER MACHEN LEUTE

Einen ähnlichen Hintergrund wie *Gut betucht* hat der Ausdruck *Kleider machen Leute*, den Gottfried Keller 1874 als Titel einer Novelle wählte. Die erste Erwähnung dieser Redensart im deutschsprachigen Raum ist in einem Gedicht von Friedrich von Logau (1605 – 1655) mit dem Titel »Kleider« zu finden. Die lateinische Form »Vestis virum reddit« (dt.: »Das Kleid macht den Mann.«) ist wohl nicht römischen Ursprungs, wird aber dennoch oft u.a. auf Quintilianus (35 – 96), einen Rhetoriklehrer, zurückgeführt. Sie brachte zum Ausdruck, dass eine gute Rede umso eindrucksvoller wirkt, je besser der Redner (damals gab es fast nur männliche Redner) gekleidet ist.

Auch Mark Twain verwendete diese Redensart, allerdings in einem anderen Sinn, wenn er sagt: »Clothes make the man. Naked people have little or no influence on society.« (dt.: «Kleider machen Leute. Nackte Leute haben wenig oder keinen Einfluss auf die Gesellschaft.«).

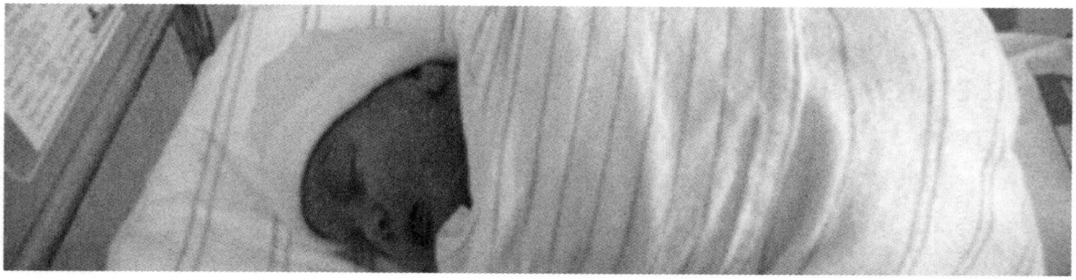

Abb. 5.7 _ Zufriedenes Baby in trockenen Tüchern (Funes, 2008)

IN TROCKENEN TÜCHERN

Wenn etwas »in trockenen Tüchern« ist, dann ist ein Geschäft erfolgreich abgeschlossen. Dies bezieht sich darauf, dass sich Babys in nassen Tüchern unwohl fühlen. Wenn sie dagegen gewickelt sind, ist alles wieder gut. Eventuell bezog sich der Ausdruck ursprünglich nur auf die Geburt. Wenn das Baby in trockene Tücher gewickelt war, dann war die Geburt erfolgreich abgeschlossen (Abb. 5.7).

Abb. 5.8 _ Hunger- bzw. Fastentuch (Plutowiki, 2019)

AM HUNGERTUCH NAGEN

Wer »am Hungertuch nagt«, leidet großen Hunger oder Not. Diese Redewendung ist sicher seit dem 16. Jahrhundert gebräuchlich, sie geht aber vermutlich bis ins 11. Jahrhundert zurück.

Im Mittelalter wurde in der Fastenzeit vor Ostern der Altarraum durch ein Tuch vom übrigen Kirchenraum abgetrennt (Abb. 5.8). Das dazu verwendete Tuch wurde als Hungertuch oder Fastentuch bezeichnet. Es sollte daran erinnern, dass Jesus sich während seines Leidens verhüllt hatte und die Gläubigen sollten über ihre eigenen Sünden nachdenken. Das Tuch bestand meist aus Leinen und wurde von den Kirchgängern selbst genäht. Daher hieß die Redewendung zunächst ***am Hungertuch nähen***. Aus »nähen« wurde im Laufe der Zeit »nagen«. Dies könnte auch damit zusammenhängen, dass man seinen Hunger ein wenig unterdrücken kann, wenn man sich ein Tuch in den Mund steckt, wie es auch kleine Kinder tun.

Abb. 5.9 _ Menschen auf Tuchfühlung

AUF TUCHFÜHLUNG GEHEN

Dies geht darauf zurück, dass man im Mittelalter durch »Befühlen« der Kleidung einer anderen Person einfach feststellen konnte, ob es sich um teures Tuch (in der Regel aus Wolle) handelte oder um einen billigen Stoff. Dies funktioniert auch heute noch, ist aber unüblich. Wenn Menschen heute ***auf Tuchfühlung gehen***, dann stehen sie sehr nah beieinander, z. B. in der U-Bahn, und ihre Kleidung berührt sich (Abb. 5.9).

FADENSCHEINIG

Wenn ein Stoff stark abgenutzt ist, sodass bereits einzelne Fäden erkennbar sind, und man fast hindurchsehen kann, so ist das Textil »fadenscheinig«. Früher ein Makel, ist es heute modern und Jeans werden vor dem Verkauf extra bearbeitet, um sie »fadenscheinig« zu machen (Abb. 5.10). Heute wird mit diesem Begriff meist ausgedrückt, dass Argumente oder Begründungen leicht zu durchschauen oder vorgeschoben und damit »fadenscheinig« sind.

Abb. 5.10 _ Fadenscheinige Jeans (Project Manhattan, 2014)

Abb. 5.11 _ Schach spielende Dame mit Schleier, möglicherweise ihre Absichten verschleiernd (links; Codex Manesse, 1305b) und Hutschleier ca. 1830 (rechts; Pharos, 2017a)

SCHLEIERHAFT

Schleier sind dünne Gewebe, die mehr oder weniger durchsichtig sind. Sie werden seit dem Altertum in vielen Kulturen von Frauen als Teil der Kopfbedeckung getragen. Besonders verheiratete (ehrbare) Frauen hatten oft die Pflicht, sich zu verschleiern, damit sie nicht mehr erkennbar waren. Unverheiratete oder »ehrlose« Frauen dagegen trugen in der Regel keinen oder es war ihnen sogar verboten. Im Mittelalter waren Schleier besonders bei adeligen Damen beliebt (Abb. 5.11, links). Wenn heute jemand etwas *verschleiert*, dann ist die Angelegenheit ebenfalls nicht mehr klar erkennbar und wenn jemandem etwas *schleierhaft* vorkommt, so ist es aus dem gleichen Grund unverständlich.

WEBFEHLER

In der Politik wird mit »Webfehler« oft ein aus der Sicht der jeweiligen Partei fehlerhaftes Vorhaben oder ein Fehler im Gesetz der jeweils anderen Partei bezeichnet. Wie bei Geweben auch kann ein Webfehler aber korrigiert werden, in der Textiltechnik durch eine »Stopferin«, in der Gesetzgebung durch eine erneute Lesung im Parlament.

EIN LOCH STOPFEN

Wer heutzutage ein Loch »stopft«, der weiß vermutlich nicht, dass dieser Ausdruck auf die Römer zurückgeht. Hanf wurde bei den Römern nicht nur für Segel und Taue eingesetzt, sondern auch, um Schiffplanken gegeneinander abzudichten. Aus dieser Zeit stammt das deutsche Wort »stopfen«, das auf lat. stuppa: Hanf zurückgeht. Kolumbus hatte auf seiner ersten Reise nach Amerika rund 50 Tonnen Hanf dabei, falls es etwas zu stopfen gäbe.

UNTER DEN TEPPICH KEHREN

Wenn die Hausfrau (oder der moderne Hausmann) etwas ***unter den Teppich kehrt***, dann macht sie nicht ordentlich sauber, sondern deponiert den Staub unter der Auslegeware. Damit verheimlicht oder vertuscht sie etwas. Wem ***der rote Teppich ausgerollt*** wird, der ist wichtig (Abb. 5.12). Wem das passiert, der sollte nicht abheben, sondern ganz bodenständig auf dem Teppich bleiben.

Abb. 5.12 _ Wichtige Person auf einem roten Teppich

Abb. 6.1 _ Maria strickt ein Kleid im Buxtehuder Altar von Meister Bertram (Ekenaes, 2017)

Stricken

Die Herstellung von Gestricken ist seit dem Mittelalter belegt. Bis in die frühe Neuzeit wurde fast ausschließlich in Handarbeit im eigenen Heim gestrickt. Die Stricknadeln haben sich dabei bis heute nicht verändert.

Abb. 6.2 _ Einfach Gestricktes (Pschemp, 2012)

EINFACH GESTRICKT

Wenn jemand ***einfach gestrickt*** ist, so gilt er als intellektuell beschränkt. Dies bezieht sich darauf, dass die Herstellung einfacher Gestricke, z. B. in Rechts-Rechts-Bindung (Abb. 6.2), sehr leicht erlernt werden kann und keine größere Geistesleistung erfordert.

MIT DER HEISSEN NADEL GESTRICKT

Wenn mit Maschinen sehr schnell gestrickt wird, dann können die Nadeln durch die Reibung mit dem Nadelbett und dem Schloss heiß laufen. Wenn also etwas ***mit der heißen Nadel gestrickt*** wird, dann ist es sehr schnell, womöglich überhastet und unüberlegt, entstanden.

Abb. 6.3 _ In einem Netz verstrickte Fische (Buoninsegna, 1308)

SICH IN ETWAS VERSTRICKEN

Netze werden zwar nur selten gestrickt, ähneln aber in ihrer Struktur oft Gestricken. Wenn sich ein Fisch darin verfing (Abb. 6.3), dann hatte er sich darin verstrickt in der Bedeutung von »verfangen« bzw. *verheddert* (vgl. Kapitel 2). Gleiches gilt, wenn sich jemand *in seinen Lügen verstrickt* hat, also in ihnen gefangen ist.

DEN FADEN VERLIEREN

Wer *den Faden verliert*, z. B. beim Stricken oder Nähen, der muss seine Arbeit unterbrechen. Dieser Ausdruck wird heute meist gebraucht, wenn jemand in einer Ansprache nicht weiterweiß und ins Stocken kommt.

DIE FÄDEN IN DER HAND HALTEN UND IM HINTERGRUND DIE FÄDEN ZIEHEN

Wer dagegen *die Fäden in der Hand* hält, der hat in der Regel die Entscheidungsgewalt und alle Vorteile auf seiner Seite. Auch wer im Hintergrund *die Fäden zieht*, hat die Kontrolle, allerdings nicht offen und für jedermann sichtbar.

Veredlung

An die Textilherstellung schließen sich verschiedene Prozessschritte an, bei denen die Textilien weiterbearbeitet werden, z. B. durch Färben oder Drucken.

Abb. 7.1 _ Färber sehen rot im 15. Jahrhundert

BLAU MACHEN UND BLAU SEIN, EIN BLAUES WUNDER ERLEBEN

Wer *blau macht*, der arbeitet nicht. Dies geht zurück auf das Färben mit Indigo. Dabei musste das mit Indigo getränkte Textil für einen Tag an der Luft oxidieren, damit sich der blaue Farbton entwickelte. In dieser Zeit konnte entsprechend nicht gearbeitet werden. Wer sich nicht erklären konnte, wieso ein weißes Textil durch die Umwandlung des Farbstoffs mit der Zeit erst grünlich und dann blau wird, der erlebte ***ein blaues Wunder*** (Abb. 7.2).

Weil für die Färbung große Mengen Urin gebraucht wurden, war es üblich, dass die Färbergesellen größere Mengen alkoholische Getränke konsumierten, um den dringend benötigten Rohstoff selbst herstellen zu können. Wer also »blau« war, der war nicht nur betrunken, sondern hatte vorher eine wichtige Funktion bei der Farbgebung von Textilien erfüllt.

Abb. 7.2 _ Färben mit Indigo

IN DER WOLLE GEFÄRBT

Dieser eigentlich englische Ausdruck *dyed-in-the-wool* bedeutet, dass jemand eine feste Meinung hat, die er bzw. sie nicht so einfach ändern wird. Er geht darauf zurück, dass Wolle Farbstoffe besonders gut aufnehmen und an sich binden kann über so genannte kovalente chemische Bindungen. Gefärbte Wolle ist also besonders waschecht und so wenig wie sie ihre Farbe ändert, so wenig ändert eine dyed-in-the-wool-Person ihre Meinung.

KLOTZEN, NICHT KLECKERN

Beim so genannten Klotzen werden Textilien gefärbt, indem sie durch einen mit der Färbeflotte (Farbstoffe und Begleitsubstanzen) gefüllten Trog (Foulard) gezogen werden. Dabei nehmen sie sehr viel Farbstoff auf (bis zu 60 % ihres Eigengewichts). Wer also *klotzt und nicht kleckert*, der macht eine Sache richtig und nicht nur halbherzig.

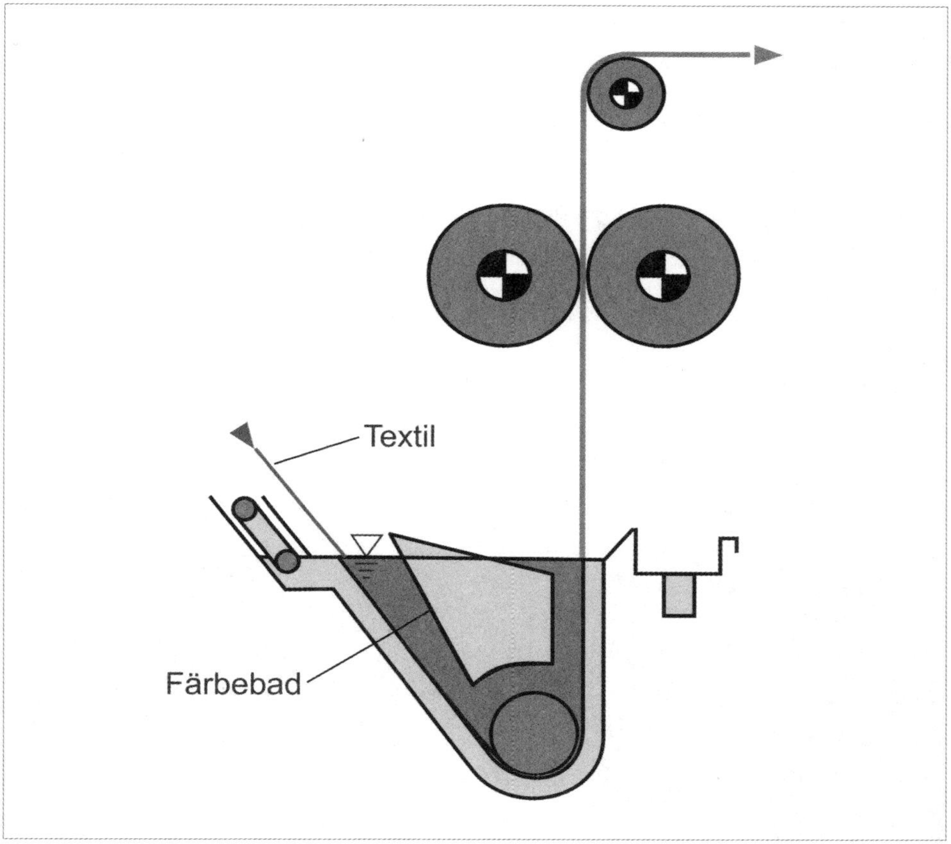

Abb. 7.3 _ Foulard

ETWAS KASCHIEREN

Beim Kaschieren (franz.: »verstecken«, »verbergen«) bzw. Laminieren wird ein Textil mit einer Folie beschichtet und so veredelt. Damit ist die textile Struktur oft nicht mehr zu sehen. Gleiches passiert, wenn etwas umgangssprachlich ***kaschiert*** wird. Dabei werden meistens Fehler versteckt.

SCHÖNFÄRBEREI

Im Mittelalter waren die Schönfärber eine eigene Berufsgruppe. Sie verstanden es, vor allem rot zu färben, was als besonders schwierig galt. Gelegentlich zählten auch die Blaufärber dazu (Abb. 7.4). Durch das Schönfärben konnten auch Stoffe minderer Qualität edel erscheinen und dies ist ja auch heute noch so, wenn jemand eine eigentlich negative Angelegenheit in positivem Licht erscheinen lassen möchte und *schönfärbt*.

Daneben gab es auch noch die »Schlechtfärber«, sie durften nur schwarz und braun färben.

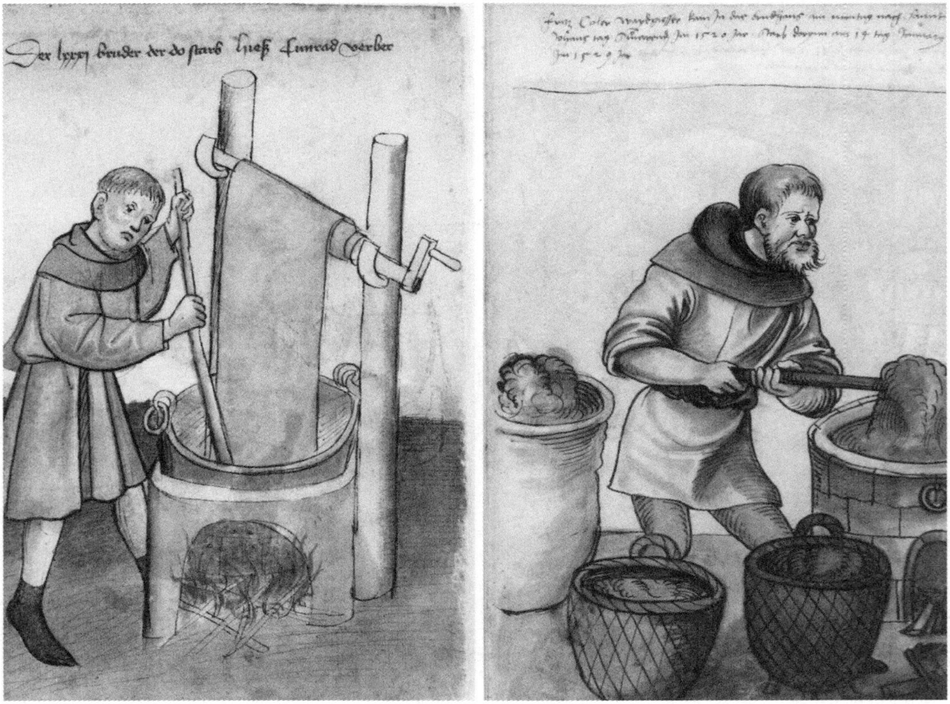

Abb. 7.4 _ Zwei Schönfärber im Nürnberger Hausbuch (Tiergärtner, 2011a) und im Hausbuch der Landauerschen Zwölfbrüderstiftung (Kohler, 1529)

Abb. 7.5 _ Der »Dance of Death« in einer Karikatur von 1862 in der Zeitschrift Punch

GIFTGRÜN

Im Jahr 1863 synthetisierte Eugen N. Lucius in Höchst erstmals Aldehydgrün, das – im Gegensatz zu seinen Vorläufern – lichtbeständig war. Als es dem Unternehmen gelang, größere Mengen davon nach Lyon zur dortigen Seidenmanufaktur zu liefern und die französische Kaiserin Eugénie ihre Vorliebe für diesen grünen Farbton entdeckte, wurde er schnell zu einer Modefarbe. Dieser Erfolg war für die Farbenindustrie von großer Bedeutung, denn bis dahin galten insbesondere Grüntöne als gefährlich für die

Trägerin, weil sie meist auf Arsenbasis hergestellt wurden. Entsprechend oft soll es zu Vergiftungen gekommen sein, wie Karikaturen zeigen (Abb. 7.5). Der Begriff »giftgrün« stammt aus dieser Zeit.

Abb. 7.6 _ Öffentliches Waschhaus in Straßburg 1840 (Saddler, 1840)

SCHMUTZIGE WÄSCHE WASCHEN

Die eigene Wäsche wurde entweder zuhause gewaschen oder auch, schon seit dem Mittelalter, in öffentlichen Waschhäusern, die in der Regel an fließenden Gewässern lagen (Abb. 7.6). So bot sich die Gelegenheit mit anderen zu plaudern und auch ***schmutzige Wäsche zu waschen***, also in aller Öffentlichkeit über Angelegenheiten zu sprechen, die Außenstehende eigentlich nichts angehen.

Abb. 7.7 _ Waschsalon in Frankreich im 19. Jahrhundert

In Frankreich gab es geräumige, überdachte Waschsalons mit großen Fenstern, sodass auch bei Regen ***schmutzige Wäsche gewaschen*** werden konnte (Abb. 7.7). Nachteilig war hier, dass das Schmutzwasser von der nächsten Wäscherin wieder genutzt werden musste, was für die Sauberkeit der Wäsche nicht förderlich war.

MEHRERE EISEN IM FEUER

Nach dem Waschen wurde die Wäsche geglättet. Im Mittelalter wurden dazu Pfanneneisen oder flache Metallplatten eingesetzt. Von »bügeln« konnte man noch nicht sprechen, weil diese Utensilien keinen »Bügel« besaßen. Jedenfalls konnten sie die Hitze nicht lange halten, deshalb wurden immer mehrere auf dem Herd oder im Ofen warmgehalten und man hatte ***mehrere Eisen im Feuer***, um seiner Arbeit ohne Unterbrechung nachgehen zu können.

Abb. 7.8 _ Bügeleisenofen, Anfang 20. Jahrhundert (Kürschner, 2008)

Die Abb. 7.8 zeigt einen Bügeleisenofen mit nummerierten Bügeleisen (mit und ohne Bügel) für eine professionelle Bügelei, z. B. bei Hutmachern und Schneidern.

In diesen Zusammenhang gehört auch der Ausdruck ***Ich bin geplättet***, wenn man sich also wie ein frisch gebügeltes Wäschestück fühlt, das offensichtlich verblüfft ist, vielleicht, weil es keine Falten mehr hat. Auch das ***Glattbügeln*** bezieht sich darauf, dass etwas in Ordnung gebracht wird oder wenigstens so dargestellt, dass niemandem die Widersprüche, also die Falten, auffallen.

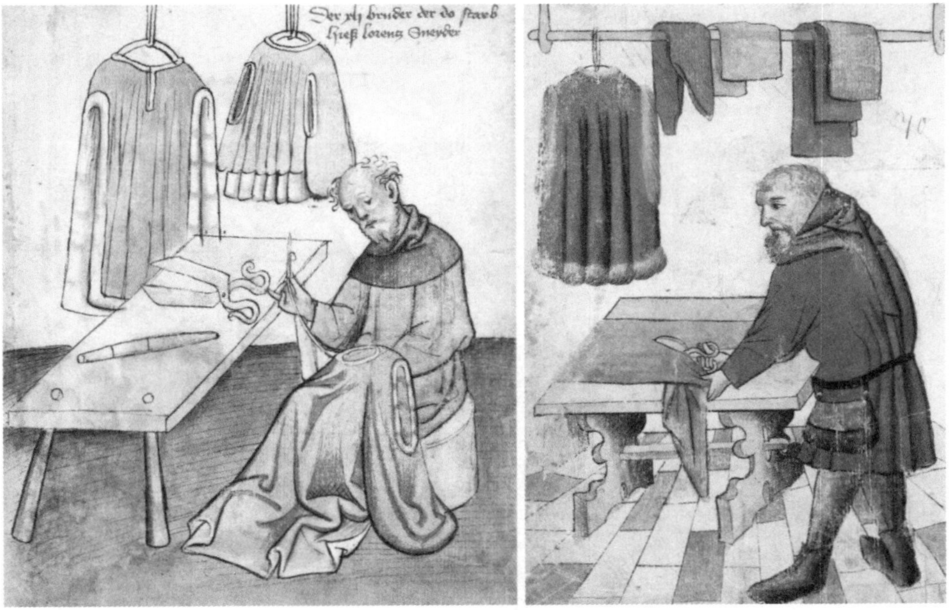

Abb. 8.1. _ Schneider schneidern im 15. Jahrhundert

Konfektion

In der »Konfektion« (von lateinisch »confacere«, also »zusammenbauen«) werden die Einzelteile eines Textils miteinander vernäht, vernietet oder verschweißt und es entsteht ein Bekleidungsstück. So besteht z. B. eine Jeans aus bis zu 60 Einzelteilen. Ingenieure sprechen von »additiver Fertigung«, worüber sich die Hausfrau im Mittelalter wohl gewundert hätte.

Wer *aus dem Nähkästchen plaudert*, der verrät Geheimnisse oder gibt unerlaubterweise Einblick in bestimmte Dinge. Der Ausdruck wird im Roman »Effi Briest" von Theodor Fontane aus dem Jahr 1894 erstmals erwähnt. In dieser Geschichte findet ein betrogener Ehemann nach vielen Jahren die Liebesbriefe des Geliebten seiner Frau in ihrem Nähkästchen (Abb. 8.2). Ob dies der tatsächliche Ursprung der Redensart ist, ist nicht gesichert.

Abb. 8.2. _ Nähkästchen aus dem 19. Jahrhundert (Bukietowa, 2022)

Wer kein Nähkästchen besitzt, lagert seine Nähutensilien vielleicht in trockenem, geschnittenem Gras. Dann muss er vor dem Beginn der Näharbeit die *Nadel im Heuhaufen* suchen, was in der Regel zeitaufwändig ist.

Wer dagegen ***aus dem Schneider*** ist, der hat eine knifflige Situation überwunden. Dieser Ausdruck stammt aus den Kartenspielen Skat und Schafkopf, in denen diejenigen zum »Schneider« werden, die 30 oder weniger Punkte im Spiel erzielt haben. Die Zahl 30 bezieht sich darauf, dass Schneider verhältnismäßig wenig verdienten und daher nicht mehr als 30 Lot (1 Lot ≈ 16 g) wiegen würden, wie ein Spottvers behauptete.

Eine bequeme Sitzposition für Geübte ist der ***Schneidersitz***, in dem man mit untergeschlagenen Beinen sitzt, genauso wie der Schneider im Mittelalter und auch heute noch beim Nähen bzw. Schneidern (Abb. 8.3).

Abb. 8.3. _ Schneider im Schneidersitz im 16. Jahrhundert (Rab, 1568) und im 20. Jahrhundert (Charles, 2012)

Textilien in der Alltagssprache

Abb. 9.1 _ Wintermode in den Niederlanden in 16. Jahrhundert

Seit 1906 belegt ist der Ausdruck *Hinter schwedischen Gardinen*. Diese Gardinen bestanden allerdings aus hochwertigem Stahl und waren Gefängnisgitter. Offenbar konnte man hindurchsehen, daher ist der Begriff »Gardine« nicht ganz falsch (Abb. 9.2).

Abb. 9.2 _ Schwede vor seinen Gardinen im Gefängnis Kumla (Kuriren, 1965)

Der Ausdruck *Gardinenpredigt* ist seit 1743 bezeugt und bezog sich ursprünglich auf eine Zurechtweisung des Ehemannes durch seine Gattin (Abb. 9.3). Die Ehebetten waren in der frühen Neuzeit oft mit Gardinen oder auch Bettvorhängen vor neugierigen Blicken geschützt. Wenn die Frau dann ihrem Mann eine *Gardinenpredigt* hielt, so geschah dies nicht in der Öffentlichkeit. Schon im Narrenschiff von Sebastian Brant von 1494 heißt es: »Die ander kyflet an dem Bett: – Der eeman selten fryd do hett – Musz hören predig ouch gar oft – So manch barfuszer lyt vnd schloft«.

Abb. 9.3 _ Gardinenpredigt ohne Gardine (van Dornicke, 1520)

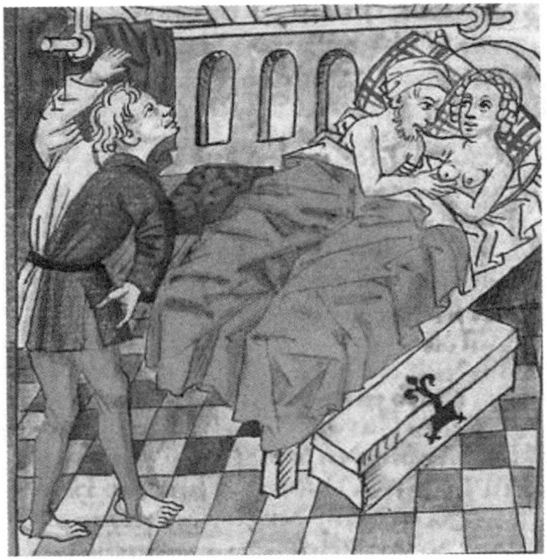

Wer mit jemandem ***unter einer Decke*** steckt, der hat sich verbündet und verfolgt gemeinsame Interessen (Abb. 9.4). Wenigstens so lange, wie der Partner ihm unter der Decke nicht ***die kalte Schulter*** zeigt, denn man schlief im Mittelalter oft nackt.

Abb. 9.4 _ Zwei stecken unter einer Decke

Wenn der Webmeister die Qualität eines Gewebes kontrollierte, so prüfte er die Oberfläche (den »Strich«) und das Material (den »Faden«). Dies war also zunächst ein positiv besetzter Begriff und wurde erst im 19. Jahrhundert zur Beschreibung besonders dreister Betrugsfälle verwendet (***Nach Strich und Faden betrügen***). Wenn man ***keinen guten Faden an jemandem lässt***, so redet man sehr schlecht über eine Person. Auch hier stimmt dann offenbar die »Qualität« nicht.

Auch aus dem Bereich der Schifffahrt sind zahlreiche textile Redewendungen gebräuchlich: Wer ***Flagge zeigt***, der zeigt dem Gegner, dass er keine Furcht hat (Abb. 9.5). Dies bezieht sich auf den Brauch, ab dem 15. Jahrhundert am Schiff die eigene Flagge zu hissen, um vor einem möglichen Kampf anzuzeigen, zu welcher Nation man gehört. Wer dann im Verlauf der Auseinandersetzung ***die Segel streicht***, der malt sie nicht bunt an, sondern holt die Segel ein, wodurch sein Schiff manövrier- und somit kampfunfähig wird. Eine ähnliche Bedeutung hat ***Den Wind aus den Segeln nehmen***, wenn jemand die besseren Argumente hat.

Abb. 9.5 _ Ein englisches Schiff zeigt Flagge(n)

Der Ausdruck *Zieh Leine* bezieht sich auf das Treideln von Schiffen flussaufwärts mit Pferden. Dazu wurden an den Huftieren Leinen befestigt und so zogen sie das Schiff gegen die Strömung.

Wer jemandem ***den Fehdehandschuh hinwirft***, der fordert ihn heraus. Dieser Ausdruck stammt nicht aus dem Mittelalter, sondern ist erst seit dem 18. Jahrhundert bezeugt. Er geht darauf zurück, dass sich mittelalterliche Ritter einen metallenen Handschuh vor die Füße warfen, um sich gegenseitig zum Kampf herauszufordern. Man sprach aber damals noch nicht vom »Fehdehandschuh«. Im 18. Jahrhundert entstand daraus der Brauch, dem Gegenüber einen Handschuh (nicht aus Metall, sondern aus Stoff) ins Gesicht zu schlagen, um ihn zu einem Ehrenduell herauszufordern (Abb. 9.6).

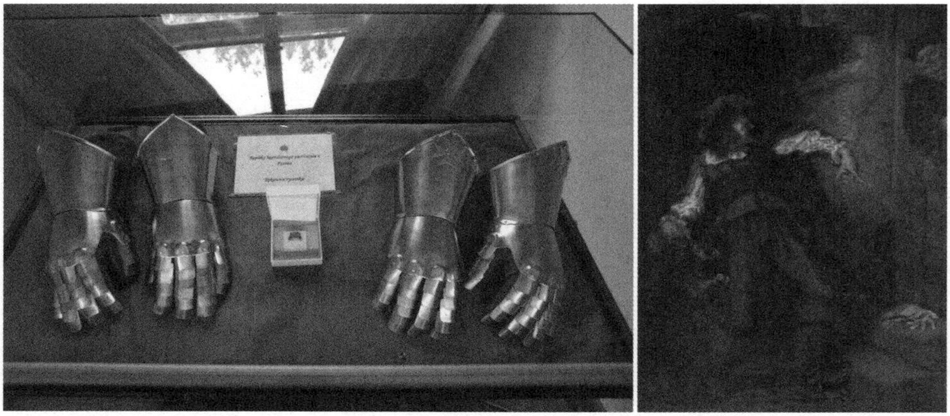

Abb. 9.6 _ Handschuhe aus Metall (Kapitel, 2013) und hingeworfener Fehdehandschuh (von Diez, 1885)

Wer ***vor etwas Manschetten hat***, der fürchtet sich. Diese Redewendung geht auf die Studentensprache des 18. Jahrhundert zurück. Die neue Mode großer Manschetten als Ärmelabschluss behinderte fechtende Studenten. Dies eignete sich natürlich ebenfalls als Ausrede für fechtunwillige Studenten und daher wurde das Tragen dieser Accessoires ab dem 19. Jahrhundert auch als Zeichen von Verweichlichung angesehen (Abb. 9.7).

Abb. 9.7 _ Edelmann mit Manschetten (Arkesteijn, 2016)

Abb. 9.8 _ Vögel im weiten Ärmel (Evangeliar Heinrich des Löwen)

Im Mittelalter hatte Kleidung oft weite Ärmel (Abb. 9.8). Daher konnten dort Dinge »verborgen« werden, die man dann unvermittelt ***aus dem Ärmel schütteln*** konnte. Heute machen das noch Clowns im Zirkus. Manche Spieler haben auch ***ein Ass im Ärmel*** und fleißige Menschen ***krempeln die Ärmel hoch*** und beginnen gleich hochmotiviert mit der Arbeit, weil sie dann weniger ins Schwitzen geraten, weil sie über die dann nackten Unterarme besser schwitzen können. Und wenn jemand ***hemdsärmelig*** ist, dann schert er sich nicht um die Etikette, sondern geht eine Sache »locker« an.

Wer ***jemandem am Zeug flickt***, der bessert nicht dessen Kleidung aus, sondern versucht ihm zu schaden. Wer ***ellenlang erzählt***, der ist kein Schneider, der mit der Elle ein Stück Stoff abmisst, sondern ein langatmiger Berichterstatter. Wer sich dabei ***den Mund fusselig redet***, der hat ein Problem, das sich auf die Pillingbildung bei Textilien bezieht. Dort entstehen durch Reibung so genannte Fusseln, wenn einzelne Fasern aus dem Garn ein Stück weit herausgezogen werden und so kleine Knötchen (Pillings, Fusseln) bilden.

Bei der mittelalterlichen Jagd wurden im Wald an Schnüren Stofflappen aufgehängt, um das Wild zurückzutreiben. Wenn ein Hirsch aber mutig durch die Stofflappen hindurchlief, so war er ***durch die Lappen gegangen*** und blieb am Leben. Gleiches gilt für kleine Fische, die ***durch die Maschen schlüpfen***. Inwiefern eine ***Betrugsmasche*** mit einem gestrickten Textil zusammenhängt ist ungeklärt.

Abb. 9.9 _ Römische Faustkämpfer mit harten Bandagen im 4. Jahrhundert

Wer ***mit harten Bandagen kämpft***, der verhält sich wie ein römischer Faustkämpfer in der Arena, dessen Hände zum Schutz mit Leinenbinden umwickelt waren (Abb. 9.9). Wer den Boxkampf verloren hat, dessen Trainer ***wirft das Handtuch*** in den Ring. Auch heute noch ein Synonym für das Eingestehen einer Niederlage.

Wenn dagegen etwas für jemanden wie ***ein rotes Tuch*** ist, dann reagiert er wie ein Stier in der Arena mit großem Missmut auf eine Sache. Wobei der Stier nicht auf die Farbe reagiert (er ist rot-farbenblind), sondern sich über das Gefuchtel des Toreros aufregt.

Während Männer Röcke anziehen durften, was bis ins 19. Jahrhundert sogar als modern galt, war es Frauen bis ins 20. Jahrhundert hinein verboten, Hosen zu tragen. In Paris kurioserweise sogar bis 2013. Somit hatten nur Männer »Hosen an« und damit »das Sagen« in der Familie. Heutzutage können auch Frauen ***die Hosen anhaben***, häufig

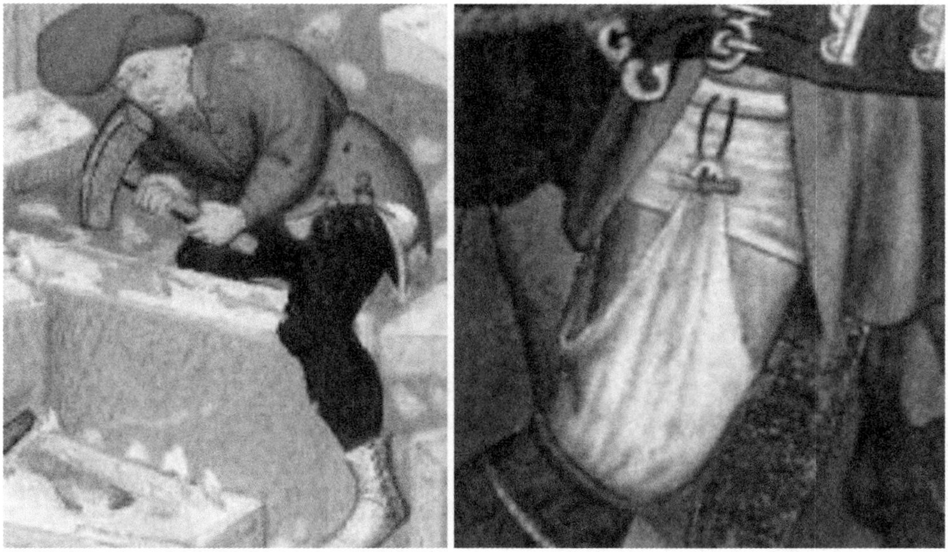

Abb. 9.10 _ Befestigung von Beinlingen an der Unterhose (links: Bedford, 1420)

wird dieser Ausdruck humoristisch gebraucht. Auch im Englischen ist diese Redewendung bekannt: »wearing the pants in one's family«. Die Hose wird hier im Plural gebraucht, weil im Mittelalter mit »Hose« nur ein Bein des Kleidungsstücks bezeichnet wurde, was sich auch im englischen Wort »hose« für »Röhre« bzw. »trousers« für

»Hose« wiederfindet (Abb. 9.10). Wer also ***die Hosen anhat***, trägt nur eine und nicht mehrere. Auch heutzutage kaufen viele »ein Paar Hosen«, auch wenn sie nur eine einzige Hose meinen.

Wenn jemandem ***die Hosen strammgezogen*** wurden, dann wurde er getadelt. Wenn ***etwas in die Hose geht***, dann ist es schiefgegangen, während jemand, der sich ***auf den Hosenboden setzt***, nicht unglücklich gefallen ist, sondern sich fleißig auf etwas vorbereitet. Wer ***mit heruntergelassener Hose*** erwischt wird, wurde bei etwas ertappt, dann ist zu hoffen, dass er ***Eier in der Hose*** hat und nicht dieselbe ***gestrichen voll***. Manchmal ist auch einfach nichts los, dann ist ***tote Hose***.

Weiße Kleidung verschmutzt leicht und ist entsprechend schwierig sauber zu halten. Wer also eine ***weiße Weste*** hat, der hat sich nichts zuschulden kommen lassen und ist darum als ehrenhaft anzusehen.

Abb. 9.11 _ Herren mit weißen Westen (ThePlane11, 2018)

Wenn jemand sich ***ins Hemd macht***, dann hätte er besser eine Windel getragen. Das Hemd ist hier ein »Unterhemd« und reicht entsprechend über die Hüfte hinaus. Wer hingegen ***sein letztes Hemd*** gibt, der hat danach nichts mehr. Dies bezieht sich darauf, dass man im Mittelalter meist nur ein einziges Hemd besaß und, wenn dieses weg war, nichts mehr anhatte. Damit verwandt und für den Betreffenden schlimmer ist es, wenn er ***den Löffel abgegeben*** hat. Auch davon besaß man nur einen und wenn der an den Nächsten weitergegeben war, so war man tot.

Abb. 9.12 _ Familie Jordaens mit Halskrausen (Jordaens, 1621)

Wenn jemandem vor Zorn der Hals anschwillt, dann kann einem ***der Kragen platzen***. Wobei sich dies nicht auf heutige Hemdkragen bezieht, die nicht platzen können, sondern auf die mittelalterliche Mode der Halskrause, die abnehmbar war (Abb. 9.12).

Verwandt damit ist der Ausspruch ***Da geht mir der Hut hoch***, wenn jemand sich aufregt. Mit Hüten und anderen Kopfbedeckungen gibt es besonders viele Ausdrücke und Redensarten, die auch heute noch benutzt werden.

Wer bis in die Neuzeit den Hut lüftete oder gar komplett abnahm (***Hut ab***), der zeigte damit seinen Respekt vor einer anderen Person (Abb. 9.13).

Abb. 9.13 _ Hut abnehmender Mann (Fae, 2014)

Wer ***den Hut nimmt***, der zieht sich Hut und Jacke an, um zu gehen, und tritt aus einem Amt zurück oder wurde gerade entlassen. Wenn jemand als besonders unbedeutend dargestellt werden soll, dann ist er ***so klein mit Hut*** und wenn etwas schon lange bekannt ist, dann ist es ***ein alter Hut***.

Früher wurden Hüte oft zusätzlich geschmückt. Wer sich heute etwas ***an den Hut stecken*** soll, dem ist allerdings gerade eine Abfuhr erteilt worden. Zauberer benutzen oft zylinderförmige Kopfbedeckungen, um darin Kaninchen oder anderes Kleingetier zu verstecken und dann ***aus dem Hut zu zaubern*** in der Bedeutung »alle zu überraschen«.

Abb. 9.14 _ Schlapphut (Manske, 2008) und schlapphuttragender US-Präsident (Rockwood, 1898)

Der *Schlapphut*, auch Kavaliershut genannt, ist ein Filzhut mit breiter Krempe, die an einer Seite nach oben geschlagen ist. Er wurde schon im 30-jährigen Krieg von den Soldaten getragen, später wurde er u.a. von der Australischen Armee übernommen und dort zum nationalen Symbol der Streitkräfte. Auch bei der Deutschen Kolonialarmee in Namibia (»Deutsch-Südwest«) war er beliebt und wurde deshalb auch »Südwester« genannt. Mit dem Ausdruck *Schlapphut* werden heute vor allem Geheimagenten bezeichnet, die in den 1950er und 1960er Jahren in Filmen gerne diese Art von breitkrempigem Hut trugen, wodurch sie schon von Weitem erkennbar waren. In der Realität sollte die Krempe das Gesicht verdecken, damit sie unerkannt ihrer Arbeit nachgehen konnten.

Wer *auf der Hut* ist, der hat mit Hüten *nichts am Hut* (also zu tun). Vielmehr bedeutet dieser aus dem Mittelhochdeutschen stammende Ausdruck (»huote«) »Aufsicht« bzw. »Fürsorge«. Als »hüten« im Sinne von »beschützen« (engl.: to heed), also z. B. Schafe oder kleine Kinder, ist er auch heute noch gebräuchlich (Abb. 9.15). Auch die Redewendung *Gut behütet* und der Ausdruck *Obhut* beziehen sich darauf.

Abb. 9.15 _ Schäfer mit und behütete Schafe ohne Hut (Solá Vidal, 1901)

Und wer schließlich ***den Hut in den Ring wirft***, der bewirbt sich um ein Amt oder einen höheren Posten, z. B. in einer Firma. Die Redewendung stammt möglicherweise von Schauboxkämpfen und wurde erstmals 1805 bekannt. Wer daran teilnehmen wollte, warf seinen Hut in den Ring. Theodore Roosevelt soll 1912 seine Kampagne um die Präsidentschaft der USA mit den Worten begonnen haben *My hat's in the ring*.

Wenn Frauen ***unter die Haube kommen***, dann heiraten sie. Dies bezieht sich darauf, dass im Mittelalter verheiratete Frauen als äußeres Kennzeichen meist eine Haube und unverheiratete Mädchen ihr Haar offen trugen (Abb. 9.16). Eine ganz andere Bedeutung hat der Ausdruck *Unter einen Hut bringen*, mit dem sich insbesondere Familien mit Kindern herumschlagen, wenn sie Beruf und Nachwuchs in Einklang bringen müssen.

Abb. 9.16 _ Mittelalterliche Frauen mit und ohne Haube (Codex Manesse, 1305)

Samt ist ein besonders weiches Gewebe. Wenn also jemand ***mit Samthandschuhen angefasst*** wird, dann wird er mit besonderer Milde behandelt, um ihn ja nicht zu verletzen (wörtlich oder im übertragenen Sinne). Im Englischen werden neben Samthandschuhen (»velvet gloves«) auch solche aus feinem Ziegenleder verwendet (»kid gloves«).

Hingegen wird jemand, der *den Gürtel enger schnallt*, in Zukunft sparsam sein müssen. Und auch die Engländer kennen diesen Ausdruck (engl.: »tighten your belt«).

Wer zu einer Reise aufbricht, der zieht zuerst Strümpfe und Schuhe an und macht sich dann *auf die Socken*. Erlebt man unterwegs etwas Überraschendes, so ist man *von den Socken*.

Im 17. Jahrhundert war es üblich, Jacken und Hosen aus demselben Stoff zu schneidern. Wenn etwas *Jacke wie Hose* ist, dann ist etwas egal und macht keinen Unterschied. Metallliebhaber benutzen stattdessen den Ausdruck »Topf wie Deckel«. Auch hier sind beide aus demselben Material.

Wenn Fakten oder Geschehnisse ***miteinander verflochten*** sind, dann stehen sie in einem sehr engen Zusammenhang miteinander. Wenn man Ihnen dagegen ***einen Strick draus drehen*** kann, dann bezieht sich das auf die früher übliche Bestrafung durch Erhängen mittels eines Stricks. Es könnte also eine gefährliche Angelegenheit für Sie werden.

Sie sollten dann schnell ihre ***sieben Sachen packen***. Dann reisen Sie mit kleinem Gepäck und nehmen eine überschaubare Anzahl von Dingen mit. Die Zahl 7 hatte schon im Mittelalter mystische Bedeutung, z. B. bei den 7 Todsünden und den 7 Sternen (die den Großen Wagen bilden). Als Symbol für eine kleine Anzahl von Dingen geht sie auf den Priester Arnold zurück, der im 12. Jahrhundert sein Gedicht »Von der Siebenzahl« schrieb und mit der »7« in eine Vielzahl von Themen und Begriffen Ordnung brachte.

Wer etwas ***von der Stange kauft***, der erwirbt ein Standardmodell, wobei es sich dabei nicht zwangsläufig um Bekleidung handeln muss, auch wenn diese im Geschäft oft auf Stangen hängend präsentiert wird.

Und schließlich, wenn etwas ***aus der Mode kommt***, dann ist es nicht mehr aktuell und wird nur noch von wenigen benutzt. Bis es zwanzig Jahre später wieder ***modern*** wird und Menschen erneut ***mit der Mode gehen***.

Textile Wörter in der Alltagssprache

In vielen Sprachen gehen zahlreiche Wörter auf textile Fachbegriffe zurück, was die große Bedeutung der Textilherstellung in vielen Kulturen belegt.

Sowohl das Wort »Text« als auch das Wort »Textil« leiten sich beide aus lateinisch »texere«, also »weben« ab. Ebenfalls aus dem Lateinischen kommt die Ordnung (engl.: order), die sich aus »ordior«, also die Kettfäden ordnen bzw. zetteln, ableitet. Auch der französische Name für den Computer, ordinateur, stammt von diesem Wort ab.

Der Ausdruck »Fabrik« ist römischen Ursprungs in der Bedeutung »fabrica« für Gewerbe (»fabrizieren«) und Gewebe (engl.: fabric). Die Bezeichnung für einen religiösen Text auf Sanskrit, »tantra«, stammt von »tantrum«, Webstuhl. Auf Mandarin bedeutet »zuzhi« sowohl Organisation und Anordnen als auch Weben.

Die Bedeutung des Wortes »Kanon« als Litzenstab am Webstuhl ist älter als spätere übertragene Bedeutungen und findet sich schon bei Homer. Der Kanon sorgt für das regelmäßige Bindungsmuster des Gewebes und sein Name ist auf die ordnenden und normierenden Werkzeuge der Musiker und Baumeister übergegangen. Auch das lateinische Wort für den Litzenstab, regula, kennen wir heute noch als Grundlage aller Wörter, die mit Regeln zu tun haben. Und das Schiffchen, griechisch penion, heißt auf Latein radius. Für die Befestigung der Kettfäden am Kanon benutzte man meist einen stabilen Leinenfaden und dessen Name linum ging über auf die Wörter Linie (lat. linea) und Lineal (lat. regula).

Textile Nachnamen

Etwa ab dem 12. Jahrhundert wurden in Deutschland von Süden nach Norden Nachnamen eingeführt. Oft wurden einfach die Berufe der männlichen Personen der Familie als Nachnamen verwendet. Nach der Internetseite https://www.kartezumnamen.eu gibt es in Deutschland aktuell 125.000 Familien mit dem Nachnamen »Schneider«, was ihn zum dritthäufigsten Namen macht. Auf Platz 5 liegt mit knapp 94.000 Familien »Weber«. »Schäfer« befindet sich auf Rang 11 mit rund 66.000 Familien. Abwandlungen von Schneider sind Schröder bzw. Schröter mit 55.000 bzw. 20.000 Nennungen, womit auch der »Schrot« verwandt ist, also kleine Teile. Daneben gibt es eine unbekannte Anzahl Wollweber, Lein- und Leinenweber sowie Wollseifer. Familien mit dem Namen Seidensticker gibt es etwa 800 in Deutschland, Spinner ca. 1.000. Das Missverhältnis zwischen der Anzahl »Spinner« und »Weber« zeigt deutlich, dass das Weben ein Handwerksberuf für Männer war, das Spinnen hingegen so gut wie nicht.

Während in Deutschland an der geographischen Verteilung der Nachnamen kaum noch zu erkennen ist, wo ehemals die Zentren der Textilherstellung waren, ist dies in Großbritannien noch gut sichtbar. So leben die meisten Menschen mit dem Nachnamen »Weaver« immer noch in den Gebieten um Birmingham und Manchester, wo auch bis zur Industrialisierung die manuelle Textilherstellung ihre Zentren hatte.

Abb. 12.1 _ Die webende Penelope macht eine Pause

Märchen

Die Garn- und Gewebeherstellung hatte bei vielen Völkern eine besondere Bedeutung. So galt bei den Ägyptern die Göttin Isis als Erfinderin des Spinnens mit der Handspindel, bei den Etruskern und den Römern war es Minerva, die auch noch für die Weberei zuständig war, bei den Germanen war es Freia und in China wurde die Frau des ersten Kaisers Ying Zheng, Jao, entsprechend verehrt. Diese Auswahl zeigt, dass es stets Frauen waren, die beim Spinnen im Mittelpunkt standen und dies entsprach wohl auch der Wirklichkeit, denn das Spinnen war überwiegend Frauenarbeit. Bei den Griechen waren es die Schicksalsgöttin Clotho (dt.: Spinnerin), die den Lebensfaden spann, und ihre Schwester Atropos, die ihn wieder zerschnitt (vgl. Kap. 3).

Abb. 12.2 _ Pallas Athene schlägt Arachne mit dem Weberschiffchen, Peter Paul Rubens, 1636 (Botaurus, 2011)

ARACHNE UND ATHENE

Arachne war die Tochter eines Purpurfärbers (!) und wurde wegen ihrer herausragenden Webkünste hochgeachtet. Hochmütig prahlte sie damit, dass sie geschickter weben könne als sogar die Göttin Pallas Athene und forderte diese zu einem Zweikampf heraus. Athene nahm die Herausforderung an und wählte als Motiv für ihr Gewebe eine mythologische Szene, während Arachne die Götter bei ihren Liebesabenteuern darstellte. Athene musste schließlich zugeben, dass Arachne den Wettbewerb gewonnen hatte, und war darüber so zornig, dass sie Arachnes Gewebe zerriss und mit ihrem Webschiffchen auf sie einschlug (Abb. 12.2). Arachne hängte sich daraufhin aus Furcht vor der weiteren Rache der Göttin auf, wurde aber von Athene gerettet, in dem diese den Strick in ein Spinnennetz und Arachne in eine Spinne verwandelte. So wurden sie und ihre Nachkommen dazu verdammt, für immer zu weben und an Fäden zu hängen. In vielen romanischen Sprachen geht das Wort für »Spinne« auf die Stammform »Arachne« zurück, ebenso die Angst vor Spinnen (Arachnophobie).

Abb. 12.3 _ Ariadne übergibt Theseus ihren Faden (Geiger, 1900)

FADEN DER ARIADNE (MINOTAURUS)

Als der kretische König Minos erfuhr, dass sein Sohn Androgeos vom König von Athen, Aigeus, getötet worden war, zog er nach Athen und besiegte seinen Widersacher. Als Tribut mussten die Athener fortan alle neun Jahre sieben Jünglinge und sieben Jungfrauen nach Kreta schicken, wo sie in das Labyrinth des Minotauros geschickt und diesem geopfert wurden. Theseus, der Sohn des Aigeus, fuhr auf der 3. Tributfahrt mit nach Kreta und Ariadne, die Tochter des Königs Minos, verliebte sich in ihn. Um ihn vor seinem grausamen Schicksal zu bewahren, spann sie einen Faden, den sie ihm mitgab, damit er sich im Labyrinth des

Minotaurus zurecht und nach getaner Arbeit (den Minotaurus zu töten) wieder heraus finde (vgl. Abb. 3.9). Dies gelang, auch wenn die weitere Geschichte für Ariadne und Theseus kein Happy End hatte.

Abb. 12.4 _ Penelope am Webstuhl mit Freiern (Waterhouse, 1912)

ODYSSEUS

Auch Odysseus erlebt mehrere »textile« Abenteuer auf seiner Rückfahrt nach der Eroberung von Troja. So gelingt ihm die Flucht aus der Höhle des geblendeten Riesen Polyphem, indem er und seine verbliebenen Gefährten sich an den Bauch der von diesem gehüteten Schafe klammern und dadurch entkommen. Später begegnet er auf der Insel Aiaia der Zauberin Circe, die an einem von Göttern geschaffenen Webstuhl arbeitet und seine Gefährten in Schweine verwandelt. Odysseus lässt sich jedoch nicht »bezirzen« und flieht mit seinen Gefährten. Nach weiteren Abenteuern gelangt er schließlich nach Hause. Die Geschichte seiner glücklichen Rückkehr zu seiner Frau Penelope ist Motiv zahlreicher bildlicher Darstellungen (Abb. 12.4). Nachdem Odysseus aufgebrochen war, wehrt Penelope zwanzig Jahre lang alle Freier ab mit dem Hinweis, sie müsse erst das Leichentuch für ihren gebrechlichen Schwiegervater Laertes fertig weben. Das zieht sich allerdings, weil sie tagsüber webt und nachts das Gewebte wieder aufzieht und darüber hinaus das Muster sehr komplex ist. Schließlich wird ihre List entdeckt, aber glücklicherweise kommt genau dann Odysseus nach Hause und es gibt nach einigen Verwicklungen (alle Freier werden von ihm in den Hades geschickt) ein Happy End.

Die Odyssee ist damit der Prototyp antiker Geschichten, in denen häufig die alltägliche Arbeit des Spinnens und Webens von Frauen im Haushalt mit der eigentlichen Handlung »verknüpft« wird.

Neben diesen Sagen des Altertums gibt es auch aus dem Mittelalter und der frühen Neuzeit eine Vielzahl von Märchen mit textilem Bezug.

RUMPELSTILZCHEN

Dieses Märchen steht im Hausbuch der Gebrüder Grimm. Ein Müller behauptet von seiner schönen Tochter, sie könne Stroh zu Gold spinnen, und will sie an den König verheiraten. Der König lässt die Tochter kommen und verlangt von ihr, dass sie über Nacht eine Kammer voll Stroh zu Gold spinne. Das Mädchen ist verzweifelt, weil sie das natürlich nicht kann. Da taucht ein kleines Männchen auf und verspricht ihr, im Tausch gegen ihr Halsband und ihren Ring für sie das Stroh zu Gold zu spinnen (Abb. 12.5). Gesagt, getan, der König ist beeindruckt, verlangt aber eine weitere Kammer voll Gold, wenn er die Müllerstochter heiraten soll. Wieder hilft ihr das Männchen, verlangt aber von der Tochter, ihm ihr erstes Kind zu überlassen, worauf sie eingeht. Nach der Hochzeit und der Geburt des ersten Kindes fordert das Männchen den versprochenen Lohn. Die Tochter kann sich aber nicht von ihrem Kind trennen und weint so herzzerreißend, dass das Männchen ihr verspricht, das Kind behalten zu dürfen, wenn sie seinen Namen nennen könne. Durch Zufall erfährt die Müllerstochter den Namen des Männchens, Rumpelstilzchen, und kann so ihr Kind behalten.

Abb. 12.5 _ Rumpelstilzchen besucht die spinnende Müllerstochter (Ford, 1889)

Diese Geschichte greift, wie viele andere, das Motiv der spinnenden Frau auf, wobei die Garnherstellung hier sogar im Mittelpunkt steht.

Abb. 12.6 _ Dornröschen sticht sich an der Spindel (Zick, 1880)

DORNRÖSCHEN

Diese Geschichte hat ebenfalls als zentrales Thema das Spinnen von Garn durch ein junges Mädchen. Sie wurde von den Gebrüdern Grimm ins Kinder- und Hausbuch der deutschen Märchen aufgenommen. Es handelt von einem Königspaar, das die Geburt seines ersten Kindes mit zwölf guten Feen feiert. Eine dreizehnte Fee wird nicht eingeladen und diese belegt das Mädchen mit einem Fluch. Danach soll es sich im Alter von fünfzehn Jahren an einer Spindel stechen und in einen hundertjährigen Schlaf fallen. Trotz aller Vorsichtsmaßnahmen (Verbrennen aller Spindeln im Königreich) trifft die Voraussage ein und erst ein tapferer Prinz erlöst das Mädchen nach allerlei Wirrungen. Sich an einer Handspindel zu stechen ist schwierig, weil sie eigentlich keine Spitze hat, aber das wird hier nicht weiter vertieft (Abb. 12.6).

FAUST

Auch Gretchen in Goethes »Faust« verbringt viel Zeit mit der Garnherstellung. Entsprechend häufig wird sie zusammen mit ihrem Spinnrad dargestellt (Abb. 12.7).

Abb. 12.7 _ Gretchen tagträumend vor einem Spinnrad (Schlick, 1834)

Abb. 12.8 _ Die drei Spinnerinnen bei der Hochzeit (Ubbelohde, 1909)

DIE DREI SPINNERINNEN

In diesem Märchen, das ebenfalls von den Gebrüdern Grimm aufgeschrieben wurde, wird ein faules Mädchen von seiner Mutter geschlagen, weil es nicht spinnen will. Die vorbeifahrende Königin hört die Schreie. Aus Scham über die Faulheit der Tochter erzählt ihr die Mutter, sie könne ihre Tochter nicht vom Spinnen abhalten. Da nimmt die Königin die Tochter auf ihr Schloss mit und zeigt ihr drei Kammern voll Flachs. Wenn sie die zu Garn gesponnen habe, dann würde ihr Sohn sie heiraten. Als die Königin nach fünf Tagen wiederkommt und der Flachs noch nicht versponnen ist, redet sich das Mädchen noch heraus, denn sie habe vor lauter Heimweh mit dem Spinnen noch nicht anfangen können. Später kommen drei alte Frauen vorbei. Eine hat einen Plattfuß, eine andere eine große hängende Unterlippe und die dritte einen breiten Daumen. Die drei alten Frauen verspinnen den Flachs. Als Gegenleistung soll sie sie zu ihrer Hochzeit einladen. Als der Prinz die angeblichen Cousinen seiner Braut sieht, ist er erstaunt. Als diese ihm dann erzählen, woher sie ihre Verunstaltungen haben (den Plattfuß vom Treten des Spinnrads, die hängende Lippe vom Lecken des Flachses und den Daumen vom Fäden ziehen), lässt der Prinz seine Frau nie wieder spinnen, womit alle am Ende zufrieden sind (Abb. 12.8).

Im Gegensatz zu anderen Märchen, in denen das Spinnen »neutral« dargestellt wird, steht hier die Mühsal des Verspinnens von Flachs im Mittelpunkt der Geschichte.

Abb. 12.9 _ Pferd mit Prinz vor und armes Mädchen mit Spindel hinter der Tür (von Steinle, 1900)

SPINDEL, WEBERSCHIFFCHEN UND NADEL

Ein Waisenmädchen wird von einer Spinnerin gottesfürchtig erzogen. Nach deren Tod lebt das Mädchen allein und teilt mit anderen, was sie erübrigen kann. Als ein Prinz auf Brautschau vorbeikommt, sieht er das reichste Mädchen des Dorfs nur kurz an und reitet dann weiter. Als er beim armen Waisenmädchen vorbeireitet und durch das Fenster hereinsieht, wird sie rot, spinnt aber weiter, bis er wieder fort ist. Dabei singt sie: »Spindel, Spindel, geh du aus, bring den Freier in mein Haus.« Da springt die Spindel weg und rollt bis zum Prinzen, der ihr folgt. Das Mädchen webt jetzt und singt:

»Schiffchen, Schiffchen, webe fein, führ den Freier mir herein.« Das Schiffchen springt vor die Tür und webt einen kostbaren Teppich (technologisch nicht ganz korrekt, weil die Kettfäden fehlen). Das Mädchen näht derweil und singt: »Nadel, Nadel, spitz und fein, mach das Haus dem Freier rein.« Die Nadel springt ihr weg und überzieht den Raum mit prächtigem Tuch (auch fragwürdig). Als der Prinz schließlich kommt, reicht sie ihm nur die Hand und wird seine Braut (Abb. 12.9).

WEITERE MÄRCHEN

In vielen weiteren Märchen spielen spinnende Frauen und Mädchen ebenfalls eine Rolle. In »Die faule Spinnerin« geht es um die Mühsal des Spinnens und im Märchen von Frau Holle spielt das Spinnen eine Rolle: Die fleißige Tochter spinnt, während sie an einem Brunnen sitzt und ihr die Spindel hineinfällt, womit die Geschichte beginnt. In »Die Wassernixe« muss ein Mädchen ungeordnete Flachsfasern verspinnen, und in »Die Schlickerlinge« wirft ein schönes, aber faules Mädchen oft Flachs weg, der nicht leicht zu verspinnen ist. Ein Dienstmädchen spinnt aus den Fasern jedoch feine Garne und macht sich ein Kleid daraus. Darin tanzt es auf dem Polterabend des faulen Mädchens, die daraufhin ausruft: »Ach, wat kann dat Mäken springen – in minen Slickerlingen!«. Als der Bräutigam dies hört, heiratet er konsequenterweise das Dienstmädchen, was zeigt, für wie wichtig das Spinnen für das Gelingen einer Ehe gehalten wurde. In vielen weiteren Märchen taucht das Spinnen ebenfalls als Beschäftigung der Protagonistinnen auf.

Herkunft der Wörter für Kleidung und anderer textiler Begriffe

Im Folgenden schauen wir uns die sprachgeschichtliche Herkunft ausgewählter Wörter aus der Textil- und Bekleidungstechnik an.

Abb. 13.1 _ Grönländer mit Anorak

ANORAK

Der Name der Windjacke mit Kapuze stammt aus der Sprache der Grönländer, Kalaallisut, und ist seit dem 20. Jahrhundert auch in Europa gebräuchlich. »Annoraaq« bedeutet »den Wind abhaltend« (Abb. 13.1).

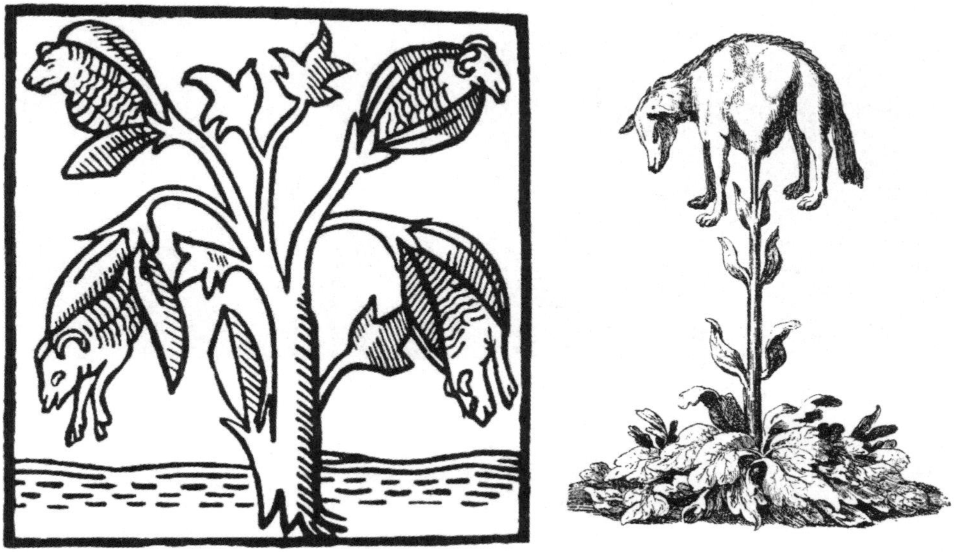

Abb. 13.2 _ Schafbäume in zeitgenössischen Darstellungen (Johnston, 1915; Mgiganteus, 2011)

BAUMWOLLE

Durch die Kreuzzüge (1096–1254) kamen die europäischen Ritter zum ersten Mal mit dieser für sie neuen Faser in Kontakt. Allerdings hatte man damals eine eher unklare Vorstellung von der genauen Herkunft dieser Fasern. Man nahm in Europa an, dass das »skythische Lamm« (auch Barometz oder Tartarenschaf genannt) auf biegsamen Bäumen wachse. Durch Hin-und-her-Pendeln fresse es das Gras unterhalb des Baumes (Abb. 13.2). Eine andere Erklärung ging davon aus, dass das skythische Lamm aus einer am Kaspischen Meer wachsenden Melone hervorgehe. Auch diese Theorie hielt einer späteren wissenschaftlichen Überprüfung nicht stand. Dennoch etablierte sich der Ausdruck »Baumwolle« für diese Faser, wobei es richtiger »Strauchwolle« heißen müsste. In anderen Sprachen wurde dagegen die arabische Bezeichnung »qatun« übernommen, z. B. als »cotton«, »katun« und »coton«.

Abb. 13.3 _ Umflochtene Flaschen (Franco, 2011)

BLUSE

Dieses Wort ist in Deutschland seit dem 19. Jahrhundert gebräuchlich und ist vom französischen »blouse« in der Bedeutung »Fuhrmannskittel« abgeleitet. Möglicherweise geht »blouse« zurück auf den ägyptischen Ort Pelusium, der Namensgeber war für einen blauen Kittel, den Kreuzfahrer über ihre Rüstungen zogen, um den Wüstenstaub abzuhalten, bevor sie die aus ihrer Sicht »Ungläubigen« angriffen.

FADEN

Die indoeuropäische Wurzel *pet- für »die Arme ausbreiten« entwickelte sich über althochdeutsch fadum und mittelhochdeutsch vadem bzw. vaden zum heutigen Wort. Es bezeichnete ein abgemessenes Garnstück, das so lang war, wie man mit zwei ausgestreckten Armen abmessen kann. Im engl. Ausdruck to fathom (»ausloten«) ist die ursprüngliche Bedeutung noch erhalten.

FASER

Auch dieser Ausdruck stammt aus dem Indoeuropäischen und gehört zur Wurzel *pĕs- in der Bedeutung »blasen, wehen«. Es bezeichnet also einen Faden im Wind.

FLECHTEN

Aus dem indoeuropäischen *plek in der Bedeutung »falten, wickeln« entstand über mittelhochdeutsch vlehten unser heutiger Begriff. Damit verwandt ist Flachs und Flasche. Letztere wurde zum Schutz gegen Zerbrechen bis in die Neuzeit oft umflochten, womit alle drei Begriffe wieder zusammen sind (Abb. 13.3).

FRACK

Dieser Ausdruck für einen eleganten Abendanzug wurde aus dem englischen Begriff »frock« in der Bedeutung »Gehrock« entlehnt. Möglicherweise wurde dieser wiederum abgeleitet aus dem altfranzösischen Wort »froc«.

GARN

Das aus dem Altgermanischen stammende Wort bezeichnete ursprünglich eine aus getrockneten Därmen gedrehte Schnur, die zum Nähen verwendet wurde. Später ging das Wort über auf alle Fäden. Damit verwandt ist die »Kordel« in der Bedeutung »Darmsaite« aus lateinisch chorda.

GÜRTEL

Aus der indoeuropäischen Wurzel *ĝher- in der Bedeutung »umfassen, umzäunen« entwickelte sich im Mittelhochdeutschen der Gürtel. Eine Ableitung davon ist der Garten, der ja häufig auch umzäunt ist (Abb. 13.4).

Abb. 13.4 _ Gärtner ohne Gürtel im Garten (Tiergärtner, 2011b)

HEMD

Aus der indoeuropäischen Wurzel * ƙem für »bedecken, verhüllen« entwickelte sich mittelhochdeutsch hemede, das sich auch in anderen germanischen Sprachen mit Abwandlungen verbreitete. Aus dem keltischen *kamitia für einen auf dem Körper getragenen Überwurf entwickelte sich durch Übernahme des Begriffs durch die Römer in der Spätantike »camisia«, woraus wiederum französisch chemise entstand.

HOSE

Mit dem althochdeutschen Wort »Hosa« wurde ursprünglich die Bekleidung der Unterschenkel und der Füße bezeichnet. Im Gegensatz dazu nannte man die Bekleidung des Unterleibs und der Oberschenkel »bruch« oder »bruoch«, was sich heute noch im englischen Wort »breeches« (Hose) wiederfindet (Abb. 13.5). Mit dem Beginn der Neuzeit wurden die Hosenbeine, die auch »Beinlinge« genannt wurden, mit der Bekleidung des Unterleibs verbunden und der Ausdruck »Hose« benannte nun die

Abb. 13.5 _ Bruoch (Maciejowski Bibel, 13. Jahrhundert), Beinlinge im 15. Jahrhundert (PKM, 2007), Strumpfhose im 15. Jahrhundert (Crivelli, 1490)

gesamte Bekleidung unterhalb der Hüfte. Im englischen Wort »hose« (Schlauch) steckt noch die ursprüngliche Bedeutung. Weil Hosen immer zwei Beine haben, wird heute von Kunden oft noch »1 Paar Hosen« verlangt, auch wenn sie nur ein einziges Beinkleid kaufen wollen. Ableitungen sind Strumpfhose sowie Windhose und Wasserhose. Wer Hosen mit großen Taschen voller Geld trägt, könnte die »Spendierhosen« anhaben.

HUT

Das westgermanische Wort »huote« bedeutete »Bewachung, Fürsorge« und das ist auch die Aufgabe dieses Kleidungsstücks. Der Wortstamm trennte sich früh und bildete zwei Zweige, aus denen sich das englische Wort »hat« mit harter Aussprache und das eher sanfte »Hut« entwickelten. Ableitungen sind z. B. »gut behütet«, in der ursprünglichen Bedeutung »gut bewacht«, sowie wegen ihrer Form Fingerhut und Zuckerhut.

JACKE

Das spätmittelhochdeutsche Wort »Jacke« ist aus dem altfranzösischen Begriff »jacque« in der Bedeutung »Waffenrock« abgeleitet. Es wird angenommen, dass dies wiederum vom französischen Spitznamen »Jacques« für einen Bauern abstammt, weil Bauern oft ein solches Kleidungsstück trugen.

JEANS

Eine Jeans war ursprünglich aus Hanf und eine Arbeitshose, z. B. der Goldgräber in Kalifornien. Bald wurde »Jeans« aber ein Synonym für Baumwollhosen, die aus der Region um Genua (Italien) in die USA importiert wurden. Aus der französischen Form von Genua (»Gênes«) entwickelte sich »Jeans«. Aus der Bezeichnung für den robusten Baumwollstoff »Serge de Nîmes« (Frankreich) wurde »Denim« und, weil die Jeans meist blau gefärbt sind, heißen sie auch »Blue Jeans«.

KAPPE

Aus dem spätlateinischen Begriff »cappa« für einen Mantel mit Kapuze entwickelt sich unser Wort für eine Kopfbedeckung. Eine Ableitung ist »verkappt« in der Bedeutung »versteckt, verborgen«.

KITTEL

Diese Bezeichnung für eine hemdartige Oberbekleidung ist seit dem 12. Jahrhundert gebräuchlich. Sie ist möglicherweise abgeleitet vom arabischen Wort für Baumwolle, »qatun«, die um diese Zeit von den europäischen Kreuzfahrern auf ihren Reisen in den Orient »entdeckt« wurde. Diese Herkunft ist aber unsicher.

Abb. 13.6 _ Ein walkender Römer bei der Herstellung eines Wollstoffes, 2. Jahrhundert

KLEID

Dieser Begriff ist mit dem englischen Wort »cloth« verwandt und bedeutete zunächst »Tuch«. Er ist vermutlich aus »Klei« gebildet (Bedeutung »klebrig«). Dies bezieht sich auf die Herstellung von Tuchen aus Wolle durch einen feuchten Walkprozess, bei dem auch klebrige Tonerde eingesetzt wurde. Ein »Kleid« ist das »mit Klei gewalkte«. Ableitungen sind »sich ankleiden« und »Verkleidung«. Das engl. Verb »to walk« ist damit direkt verwandt.

KNOPF

Das germanische Wort *knuppa- bezeichnete eine zusammengeballte Masse bzw. einen Klumpen. Daraus entwickelte sich im Mittelhochdeutschen der »Knopf«. Verwandt sind Knüppel, Knospe und Knoten sowie knautschen und knutschen, wo sich zwei Menschen in der ursprünglichen Bedeutung »zusammenballen«.

Abb. 13.7 _ Krawatte tragender chinesischer Offizier im 3. Jahrhundert v. Chr. (Castor, 2010) und römische Soldaten mit »Four-in-Hand«-Krawattenknoten im 2. Jahrhundert (Chirita, 2006)

KRAWATTE

Möglicherweise geht dieser Begriff zurück auf die Halsbinde kroatischer Söldner in Diensten des französischen Königs Ludwig XIII. (1601–1643). »À la cravate«, also »auf kroatische Art« wurde dann ein Synonym für geknotete Halstücher. Auch im italienischen cravatta, im spanischen corbata und im englischen cravat (modern: »tie« in der Bedeutung »gebunden«) findet sich dieser Wortstamm. Allerdings trugen auch schon die Soldaten im römischen Reich ein gebundenes Halstuch (der Knoten war ein auch heute noch verbreiteter »four-in-hand«), daher wurde die Krawatte nicht erst im 17. Jahrhundert erfunden. Die Soldaten der Terrakotta-Armee des ersten chinesischen Kaisers Qín Shǐhuángdì aus dem 3. Jahrhundert v. Chr. tragen ebenfalls schon eine Art von Krawatte (Abb. 13.7).

MÜTZE

Dieser Begriff hat einen unklaren Ursprung. Es wird vermutet, dass er auf mittellateinisch »almutium« für einen Umhang um Schultern und Kopf eines Geistlichen zurückgeht. Damit verwandt ist der französische Ausdruck aumusse in der Bedeutung »Pelzkappe«. Wer morgens müde ist und noch seine nächtliche Kopfbedeckung trägt, gilt als »Schlafmütze«. Und wer einen auf die Mütze bekommt, erleidet einen Niederschlag bzw. eine Niederlage, ein beliebtes Motiv in Kinofilmen (z. B. mit Bud Spencer).

NÄHEN

Seit dem 9. Jahrhundert gibt es die althochdeutsche Form nāen, die mit dem griechischen nē̃n und dem lateinischen nēre in der Bedeutung »spinnen« verwandt ist. Auch Nessel, nesteln und Netz gehen auf die gleiche Wurzel *net- zurück. Ableitungen sind Naht und Nadel. Im 11. Jahrhundert sind nātære, »Näher« sowie nātærinne und næterīn, »Näherin« bekannt.

PULLOVER, PULLUNDER

Seit 1925 ist der »Pullover« im Deutschen bekannt und bezeichnet ein gestricktes Oberbekleidungsstück, das über den Kopf angezogen wird (engl. to pull over: überziehen). Seit ca. 1950 gibt es die Kurzform »Pulli«. Der Pullunder wird unter etwas anderes angezogen und ist entsprechend aus engl. »to pull under« abgeleitet.

Abb. 13.8 _ Inder in Pyjamas mit Geparden (Eden, 1844)

PYJAMA

Das Wort Pyjama stammt aus dem Persischen »pāīdschāma«, was »Beinkleidung« bedeutet. Ursprünglich wurde damit eine leichte Hose bezeichnet, die am Bund von einer Schnur zusammengehalten wird. Sie war insbesondere im süd- und westasiatischen Raum verbreitet (Abb. 13.8). Über Hindi »pajāmā« gelangte das Wort im 19. Jahrhundert ins Englische, wobei es dort nur im Plural verwendet wird, analog zu »trousers«. Anfang des 20. Jahrhunderts wurde das Wort ins Deutsche übernommen in der Bedeutung »Schlafanzug«. Während der Pyjama in Deutschland und Österreich männlich ist, kennt man Pyjama in der neutralen Schweiz passenderweise nur als Neutrum (»das Pyjama«). In Europa verdrängten Pyjamas ab den 1920er Jahren das bis dahin übliche Nachthemd für Männer.

ROCK

Dieser germanische Begriff für ein Untergewand hatte ursprünglich wohl die Bedeutung »Gespinst« und könnte daher verwandt sein mit dem »Spinnrocken« bei der Garnherstellung (Abb. 13.9).

Abb. 13.9 _ Frau mit Rock und Rocken beim Spinnen (Anker, 1883)

SAKKO

Das Wort »Sakko« ist seit dem 19. Jahrhundert bekannt und eine italienisierende Bildung zu »Sack«. Dieser Ausdruck ist mit dem altgermanischen Wort »sakkus« für »Trauer- und Bußgewand« verbunden und seinerseits aus dem lateinischen »saccus« für »Sack« entstanden. Das diesem zugrundeliegende griechische Wort »sákkos«

bedeutete »grober Stoff aus Ziegenhaar«. Im Hebräischen bezeichnet »saq« einen Stoff aus Haaren. Während »einsacken« in der Bedeutung »einpacken« eine Ableitung darstellt, ist »versacken« für »versinken, einsinken« etymologisch nicht verwandt.

SCHAL

Aus dem persischen Wort šal in der Bedeutung »Umschlagetuch« in einer Reisebeschreibung des 17. Jahrhunderts wurde über den Umweg über das englische Wort »shawl« unser deutscher Begriff.

SCHLIPS

Mit dem niederdeutschen Begriff »slipe«, der einen Hemd- oder Rockzipfel bezeichnete, benannte man ab ca. 1840 die losen Enden des Halstuchs. Später ging dieser Ausdruck auf das gesamte Tuch über, das nun auch Krawatte hieß, wenn man es mit einem speziellen Knoten band. Wer jemandem »auf den Schlips« tritt, der tut dies noch in der ursprünglichen Bedeutung des Wortes.

SCHÜRZE

Dieses Wort geht auf die indoeuropäische Wurzel *sker- in der Bedeutung »schneiden« zurück. Es bezeichnete ursprünglich ein kurzes Kleidungsstück und ist mit den englischen Begriffen shirt, shorts und skirt verwandt. Im 18. Jahrhundert wurde es im übertragenen Sinn für den Ausdruck »Frauenzimmer« verwendet, weil vor allem Frauen Schürzen trugen. Davon abgeleitet ist der »Schürzenjäger«, also jemand, dessen Interesse an Frauen besonders stark ausgeprägt ist. Der Ausdruck »Schürze« wird auch in der Jägersprache zur Beschreibung weiblicher Rehe verwendet, so dass ein Zusammenhang vermutet werden kann.

SOCKE

Aus dem griechischen »skychís« bzw. »sýkchos« in der Bedeutung »eine Art Schuh« wurde über das lateinische »soccus«, das einen leichten Schlupfschuh bezeichnete, unser Wort für einen kurzen Strumpf. Damit verwandt ist der »Sockel«, auf dem alles steht. Der Ausdruck »rote Socke« ist ein Schimpfwort für politisch links orientierte Personen.

Abb. 13.10 _ Werbung mit Socken (KAS-ACDP, 2013)

SPINNEN

Dieser Ausdruck stammt aus dem Indoeuropäischen in der Bedeutung »spannen, dehnen«. Dies ist der erste Schritt bei der Garnherstellung, wenn die Fasern parallelisiert und verstreckt werden. Er wurde dann übertragen auf den gesamten Vorgang der Garnbildung.

SPLEISSEN

In der Bedeutung »Stränge ineinanderflechten« erscheint dieses Verb seit dem Anfang des 18. Jahrhunderts in der Seemannssprache. Wobei es ursprünglich die genau gegensätzliche Bedeutung hatte, nämlich das Auflösen des Taus in seine einzelnen Stränge, um es anschließend wieder neu zu verflechten. Verwandt sind engl. to split (»spalten«) und eine bekannte Ableitung davon ist das Ehegatten-Splitting im deutschen Steuerrecht. Was die Eheleute ob der gesparten Steuern vielleicht auch enger zusammenbringt, womit beide Bedeutungen in einem Wort vereint wären.

STOFF

Dieser Ausdruck wurde im 17. Jahrhundert aus dem Französischen übernommen und geht entsprechend auf étoffe in der Bedeutung »Gewebe, Tuch« zurück. Woher das französische Wort ursprünglich stammt, ist ungeklärt.

STRICK UND STRICKEN

Der Ausdruck »Strick« ist nur im deutschen und niederländischen Sprachraum gebräuchlich und bezeichnet eine Schlinge oder Fessel. Auf den Tierfang bezieht sich die Ableitung »Fallstrick«. Wann das »Stricken« auf die Bildung von Maschen aus Schlingen übertragen wurde, ist ungeklärt.

STRUMPF

Aus der mittelhochdeutschen Bezeichnung für einen Baumstumpf, der ab dem 13. Jahrhundert bezeugt ist, entwickelte sich im 16. Jahrhundert mit der Änderung der Mode die heutige Bedeutung. Damals wurde das Beinkleid geteilt in einen oberen Teil (»Hose«) und einen unteren Teil, den Strumpf (vgl. Kap. 0).

TEPPICH

Als Erfinder des Teppichs gelten die Perser, die diese Textilien nicht nur als Fußbodenauflage verwendeten, sondern sie auch als Wärmeschutz innen an Hauswänden

Abb. 13.11 _ Persische Gesandte mit Teppich in Venedig im 16. Jahrhundert (Caliari, 1595)

anbrachten (Abb. 13.11). Aus dem persischen Wortstamm »tap« in der Bedeutung von »spinnen, drehen« entstand über das seit dem 3. Jahrhundert v. Chr. überlieferte lateinische Wort »tapetis« auch unser Wort für Wandverkleidung, »Tapete«. Im süddeutschen Raum hat sich die ursprüngliche Bedeutung »Decke« bis heute erhalten, wenn zusätzliche Winterbettdecken als »Teppich« bezeichnet werden.

TUCH

Die Herkunft dieses Wortes, das seit dem 9. Jahrhundert nachgewiesen ist, ist ungeklärt. Siehe auch Kapitel 5.

WEBEN

Dieses Wort hat sehr alte Wurzeln und geht auf den indoeuropäischen Wortstamm *u̯ebh- zurück, das »wimmeln, durcheinander bewegen« bedeutet. Dies illustriert, dass schon sehr früh in der Menschheitsgeschichte im indischen Raum gewebt wurde, von wo aus sich der Begriff dann ausbreitete. Ableitungen sind Wabe und Waffel in der Bedeutung »Gewebe«.

WESTE

Das französische Wort »veste« für ein ärmelloses Wams stammt ab vom Lateinischen »vestis«, was »Kleid, Gewand« bedeutete. Im 17. Jahrhundert wurde das Wort eingedeutscht. Ableitungen sind »investieren« und »Investitur«, also die Einsetzung eines kirchlichen Würdenträgers durch Ankleiden mit einer »Weste«.

ZWIRN

Aus dem indoeuropäischen *du̯ŏ- entwickelte sich das Wort »zwei« und der Zwirn bezeichnet entsprechend einen zweifachen Faden. Wobei es auch Zwirne aus mehr als zwei Fäden gibt. Bereits im Mittelhochdeutschen wurde dieser Begriff verwendet. Siehe auch Kapitel 5.

Bildnachweis

Angelsharum (2014), https://commons.wikimedia.org/wiki/File:Nylon_Rope.JPG, CC BY-SA 3.0

Anker, A. (1883), https://de.wikipedia.org/wiki/Spinnrad#/media/Datei:Anker_Die_Arbeitsamen.1883.jpg

Arkesteijn, J. (2016), https://commons.wikimedia.org/wiki/File:Portrait_of_a_33_years_old_man,_by_Jan_Albertsz_Rotius.jpg

Basedow, J.B. (1774), https://commons.wikimedia.org/wiki/File:Chodowiecki_Basedow_Tafel_57_a.jpg

Bedford (1420), Bedford Hours, Folio 17v, https://en.wikipedia.org/wiki/Bedford_Hours

Berthélemy, J.S. (1767), https://commons.wikimedia.org/wiki/File:Alexander_cuts_the_Gordian_Knot.jpg?uselang=de

Bigge, M. (2007), https://commons.wikimedia.org/wiki/File:Dortmund,_Bonifatius-Kirche,_Eingang_West.jpg, CC BY-SA 3.0

Billotte, L.-J. (1870), https://commons.wikimedia.org/wiki/File:Nice009.jpg?uselang=de

Botaurus (2011), https://commons.wikimedia.org/wiki/File:Rubens_Arachne.jpg

Bukietowa, H. (2022), https://commons.wikimedia.org/wiki/File:Sewingbox001.jpg?uselang=de, CC0 1.0

Di Buoninsegna, D. (1308), https://commons.wikimedia.org/wiki/File:Duccio_di_Buoninsegna_-_Appearance_on_Lake_Tiberias_-_adjusted.jpg

Burkhardt, K. (1850), https://commons.wikimedia.org/wiki/File:Webkeller_im_Kanton_Appenzell_(cropped).jpg?uselang=de

Burne-Jones, E. (1861), https://commons.wikimedia.org/wiki/File:Edward_Burne-Jones_-_Tile_Design_-_Theseus_and_the_Minotaur_in_the_Labyrinth_-_Google_Art_Project.jpg

Caliari, C. (1595), https://commons.wikimedia.org/wiki/File:Embassy_to_Europe.jpg
Cameron, J. (1887), https://commons.wikimedia.org/wiki/File:%22Four_in_hand%22_LCCN2001699185.tif

Castor, D. (2010), https://commons.wikimedia.org/wiki/File:Terrakottaarm%C3%A9n-6.jpg

Charles, G. (2012), https://commons.wikimedia.org/wiki/File:A_Tailor_at_Work_(6920059143).jpg, CC0 1.0

Chirita, C. (2006), https://commons.wikimedia.org/wiki/File:Engineering_corps_traian_s_column_river_crossing.jpg, CC BY-SA 1.2

Codex Manesse (1305a), https://commons.wikimedia.org/wiki/File:Codex_Manesse_052rl.jpg?uselang=de

Codex Manesse (1305b), https://commons.wikimedia.org/wiki/File:Meister_der_Manessischen_Liederhandschrift_004.jpg?uselang=de

Crivelli, C. (1490), https://commons.wikimedia.org/wiki/File:Carlo_Crivelli_061.jpg

Von Diez, W. (1885), https://commons.wikimedia.org/wiki/File:Wilhelm_von_Diez_Fehdehandschuh.jpg

Van Dornicke (1520), https://commons.wikimedia.org/wiki/File:Jan_van_Dornicke_-_Amnon_Attacking_Tamar_-_Walters_37779.jpg?uselang=de, CC BY-SA 3.0

Eden, E. (1844), https://commons.wikimedia.org/wiki/File:Cheetahs_nawab_oudh1844.jpg?uselang=de

Ekenaes (2017), https://de.wikipedia.org/wiki/Datei:KnittingMadonna.jpg

Fae (2014), https://commons.wikimedia.org/wiki/File:A_young_woman_is_holding_the_arm_of_man_as_he_raises_his_hat_Wellcome_V0040071.jpg, CC BY-SA 4.0

Flominator (2005), https://commons.wikimedia.org/wiki/File:Noe_haspel.jpg, CC BY-SA 1.2

Ford, H.J. (1889), https://commons.wikimedia.org/wiki/File:Rumpelstiltskin.jpg

Franco, G. (2011), https://commons.wikimedia.org/wiki/File:Rocca_di_Dozza_(fiaschi).jpg?uselang=de, CC BY-SA 2.0

Funes, P. (2008), https://commons.wikimedia.org/wiki/File:Malena.jpg

Geiger, R. (1900), https://commons.wikimedia.org/wiki/File:Geiger_Rich%C3%A1rd_-_g%C3%B6r%C3%B6g_n%C3%A9pek_003_Ariadn%C3%A9_%C3%A1tadja_Th%C3%A9szeusznak_a_fonalat.jpg?uselang=de

Goscinny, R., Uderzo, A. (1969), Asterix als Gladiator, Egmont Ehapa Media GmbH, Berlin.

Guttzeit, E.J. (1920), https://commons.wikimedia.org/wiki/File:Fischernetze_(Ostpreu%C3%9Fen).jpg

Johnston, F.B. (1915), https://commons.wikimedia.org/wiki/File:Reproduction_of_print_showing_%22Lamb_Tree%22_LCCN2008675583.jpg?uselang=de

Jordaens, J. (1621), https://commons.wikimedia.org/wiki/File:The_Family_of_the_Artist_by_Jacob_Jordaens.jpg

Kapitel (2013), https://commons.wikimedia.org/wiki/File:Pezino_zamek_(22).jpg?uselang=de, CC BY-SA 3.0 PL

KAS-ACDP (2013), https://commons.wikimedia.org/wiki/File:KAS-20._Plakat-Bild-14855-1.jpg, CC BY-SA 3.0 DE

Kohler, F. (1529), https://commons.wikimedia.org/wiki/File:Landauer_I_020_r.jpg?uselang=de,

Kollossos (2005), https://commons.wikimedia.org/wiki/File:Schneider-1568.png

Kürschner (2008), https://commons.wikimedia.org/wiki/File:Flat-iron-stove_2.jpg

Kuriren, Ö (1965), https://commons.wikimedia.org/wiki/File:Kumla_Prison_1965-02-11_021.jpg, CC BY-SA 4.0

Maciejowski Bibel (13. Jahrhundert), Folio 18r, https://commons.wikimedia.org/wiki/File:Brouche.jpg

Mandeville, J. (14. Jahrhundert), https://commons.wikimedia.org/wiki/File:Mandeville_cotton.jpg,

Manske, M. (2008), https://commons.wikimedia.org/wiki/File:Australian_Army_ceremonial_slouch_hat.png

Martinvl (2016), https://commons.wikimedia.org/wiki/File:Petworth_Shepherds_Hut.jpg?uselang=de, CC BY-SA 4.0

Mgiganteus (2011), https://commons.wikimedia.org/wiki/File:Vegetable_lamb_(Lee,_1887).jpg?uselang=de

Pharos (2017a), https://commons.wikimedia.org/wiki/File:Veil_MET_54.59.6_view1_CP4.jpg?uselang=de, CC0 1.0

Pharos (2017b), https://commons.wikimedia.org/wiki/File:Terracotta_lekythos_%28oil_flask%29_MET_DT264.jpg, CC0 1.0

PKM (2007), https://commons.wikimedia.org/wiki/File:Chausses_1440_Cleeves.jpg

Plutowiki (2019), https://commons.wikimedia.org/wiki/File:Fastentuch_Bendern.jpg?uselang=de

ProjectManhattan (2014), https://commons.wikimedia.org/wiki/File:Torn_jeans.jpg, CC BY-SA 3.0

Pschemp (2012), https://commons.wikimedia.org/wiki/File:Stockinette_example_back.JPG, CC BY-SA 3.0

Rab, G. (1568), https://commons.wikimedia.org/wiki/File:Fotothek_df_tg_0008090_St%C3%A4ndebuch_%5E_Handwerk_%5E_Schneider.jpg?uselang=de

Rama (2010), https://commons.wikimedia.org/wiki/File:Stone_rubbing_of_anthropomorphic_stele_no_15,_Sion,_Petit-Chasseur-_necropolis_10.jpg, CC BY-SA 4.0

Reinsberg-Düringsfeld, O. (1863), https://upload.wikimedia.org/wikipedia/commons/7/71/Das_festliche_Jahr_img397_Spinnstube.jpg

Rockwood, G.C. (1898), https://commons.wikimedia.org/wiki/File:Col_roosevelt_rough_rider.jpg

Rollroboter (2012), https://commons.wikimedia.org/wiki/File:Kath._Pfarrkirche_Grafenbach.JPG, CC BY-SA 3.0 AT

Rutter, C. (2013), https://commons.wikimedia.org/wiki/File:QSMM_Beaming_2639c.JPG, CC BY-SA 1.2

Saddler, J., (1840), https://commons.wikimedia.org/wiki/File:John_Saddler_-_Old_House,_Strasburgh_-_B1998.14.51_-_Yale_Center_for_British_Art.jpg?uselang=de, CC0 1.0

Schlick, G. (1834), https://commons.wikimedia.org/wiki/File:Gustav_Schlick_Adolf_Hohneck_Faust_Gretchens_Stube.jpg

Sodoma, Il (1525), https://commons.wikimedia.org/wiki/File:Sodoma_001.jpg

Solá Vidal, A. (1901), https://commons.wikimedia.org/wiki/File:1901-09-28,_Blanco_y_Negro,_El_pastor,_Andr%C3%A9s_Sol%C3%A1.jpg?uselang=de

Solana, J. (2008), https://commons.wikimedia.org/wiki/File:Black_sheep-1.jpg, CC-BY 2.0

Stahlkocher (2012), https://de.wikipedia.org/wiki/Datei:Zettelmaschine_05.jpg, CC-BY 1.2

ThePlane11 (2018), https://commons.wikimedia.org/wiki/File:Sinatra-Mob.jpg, CC0 1.0

Tiergärtner (2011a), https://commons.wikimedia.org/wiki/File:Mendel_I_037_v.jpg

Tiergärtner (2011b), https://commons.wikimedia.org/wiki/File:Mendel_II_073_v.jpg

Ubbelohde, O. (1909), https://commons.wikimedia.org/wiki/File:Otto_Ubbelohde_-_Die_drei_Spinnerinnen.jpg

Van der Sluijs, P., (2013), https://commons.wikimedia.org/wiki/File:Costumed_early_middle_age_woman_spinning_drop_spindle.jpg?uselang=de, CC BY-SA 3.0

Velázquez, D. (1644), https://commons.wikimedia.org/wiki/File:Velazquez-las_hilanderas.jpg

Von Steinle, E. (1900), https://commons.wikimedia.org/wiki/File:Edward_von_Steinle_M%C3%A4hrchen_von_der_Spindel,_der_Nadel_und_dem_Weberschiffchen.jpg

Waterhouse, J.W. (1912), https://commons.wikimedia.org/wiki/File:JohnWilliamWaterhouse-PenelopeandtheSuitors(1912).jpg?uselang=de

Westall, R. (1812), https://commons.wikimedia.org/wiki/File:WestallDamocles.JPG

Zick, A. (1880), https://commons.wikimedia.org/wiki/File:Dornr%C3%B6schen.jpg

Copyright für Abbildungen auf den folgenden Seiten: iStock
Seite 12 (rechtes Foto): m-imagephotography
Seite 46: GabrielPetrescu
Seite 49: Caiaimage/Robert Daly
Seite 54: Thirawatana Phaisalratana
Seite 92: AscentXmedia

Illustration Spindel: iStock
Bohdan Petrusko

Umschlag
Wikimedia Commons: Pearson Scott Foresman
iStock: itotoyu

Quellen und weiterführende Literatur

Büchmann, G. (2000), Der neue Büchmann – Geflügelte Worte. Ullstein, München.

Falconer, W. (1784), An Universal Dictionary of the Marine. Cadell.

Kluge, F., Seebold, E. (2011), Etymologisches Wörterbuch der deutschen Sprache, De Gruyter, Berlin.

Schnatmeyer, S. (2016), Am Rockzipfel. CPI books GmbH, Leck.

Schnatmeyer, S. (2019), Verflixt und Zugenäht – Textile Redewendungen gesammelt und erklärt. CPI books GmbH, Leck.

Tillmann, W. (2003), Von Plunder und Fallstricken. Verlag Zimmermann & Co., Viersen.

Veit, D. (2024), Die Geschichte der Textilherstellung – von der Steinzeit bis heute. Hanser, München.

von Goethe, J.W. (1809), Wahlverwandtschaften. Cotta, Tübingen.

Redewendungen A–Z

A

B

D

E

F

G

H

I

J

K

L

M

N

P

R

S

T

U

V

W

Z

Ebenfalls im Regionalia Verlag erschienen:

ISBN 978-3-939722-31-1

ISBN 978-3-95540-407-9

ISBN 978-3-95540-362-1

ISBN 978-3-95540-304-1

Jeweils 128 Seiten • 16,5 × 19,8 cm • Hardcover